近現代中華文化思想叢刊

# 道出於二：
# 過渡時代的新舊之爭

## 上冊

羅志田　著

# 目次

# 自序

很多年前，曾對一位研究中國近代史的朋友說，近代一段，可以六字總結，即滿漢中西新舊。那是讀大學本科時產生的一種朦朧感覺，年輕時不知輕重，故敢出大言而不慚。彼時我的學術自定位是研究中美關係史，這是說別人的領域，多少有些外行看熱鬧的味道。後來不知不覺中，自己成了「一般近代（中國）史」[1] 的研究者，中美關係史反倒成了類似胡適所說的「不感興趣的興趣」——興趣始終在，積累也不少，卻暫無餘力深入。[2] 現在回看當年的信口開河，似不能說一點「史感」都沒有，但更多看到緊張、衝突、對峙的一面，有些以偏概全。

大體上，凡是存在的都是有理由的。任何時代、萬物萬事都有其獨立的「主體性」，即有其自在的意義，而不必因他人他物（對應性

---

1　據說臺北中研院的近代史研究所初立，需劃分研究組群，由同人自組。很快產生了政治外交、經濟社會和思想文化等組別，但仍剩下一些人，依違其間，似都有些關聯，又覺都有距離，最後這些人便組成了一個稱為「一般近代史」的研究組。我自己因興趣龐雜，治學無章法，往往不被現在通行的各「子學科」學人視為同行。後來第一次到臺北近史所請教，恰好就是這一組在接待，或許還真有些夤緣。

2　實際上，在很長的時間裡，中美關係史也是我唯一得到「承認」的領域。十多年前曾出版過一本《五十年來的中國近代史研究》（曾業英主編，上海：上海書店出版社，2000年），共分了二十多個專門領域，我學生的一些研究都出現在上面，我自己卻差點不能預流；只有中外關係史的撰寫人，還注意到我寫過這方面的論文。該書主編是長期提攜我的前輩，集合各文後也覺有些訝異。所以，新出道的年輕人，或許還是選一個性相近的「子學科」為宜，以免陷入缺乏特定認同的「一般近代史」。

或關聯性）的存在而有其意義。[3] 然而，不論我們的目的是理解、再現還是詮釋，歷史上的具體現象和人、事，又大多不是一個自足的系統，很難獨立地表述自己，也就不太可能被「單獨」認識。要知道，「事不孤起，必有其鄰」；[4] 歷史上的各個「事項」雖是獨特的，卻又並非孤立的，而是相關聯的。

如果將其置於一個關聯互動的架構之中，視之為與前後左右諸多人事、現象既相關又相異也相互影響的一個具象，特定的個體就成為一個更大架構的一部分，而所謂專門史也就有通史（universal history）的意義了。事物的相互關聯性，多少反映著共通的一面。不過我們不必努力在每一「個別」之中去尋找「共通」（且也不一定都能找到），而更多當如阿多諾（Theodor W. Adorno）所說，「在它和別的事物的內在聯繫中去領會其獨特個性」。[5]

這或許就是「一般近代史」的取向。我的理解，所謂一般，並非時時處處以近代時段的中國整體為關注和思考的對象；具體研究中側重的，仍然是特定的人與事，不過更多從此人此事與他人他事的關聯中去看待，既保持整體的意識，又從關聯中領會特性。用過去的話說，就是知人方可論世，論世而後知人；觀變可以知常，知常乃能觀變。

---

3　如蘭克所說：「每個時代都直接與上帝相關聯。每個時代的價值不在於產生了什麼，而在於這個時代本身及其存在。」蘭克：《歷史上的各個時代》（蘭克史學文選之一），斯特凡・約爾丹、耶爾恩・呂森編，楊培英譯，北京：北京大學出版社，2010年，7頁。這一見解可以推廣，不僅時代，大至文化、族群、國家，小至個人細事，都有其獨立的「主體性」。

4　蒙文通：《評〈學史散篇〉》，《經史抉原》（《蒙文通文集》第3卷），成都：巴蜀書社，1995年，403頁。

5　Theodor W. Adorno, *Negative Dialectics*, Trans. by E. B. Ashton, London and New York: Routledge, 1973, pp. 25-26.

　　這樣的「一般史」，非一言可以蔽之，當另文探討。無論如何，或許就因為那早年的感覺，在我逐漸進入近代史領域後，有意無意之間，中西新舊成為我關注的一個重點。現在電腦裡還有一本名為《中國近代史上的新舊與中西》的書稿（其實只是資料長編），章節擬定於上世紀九十年代中期，不過，至少三分之二的內容，都已寫成論文刊發（唯詳略與預想的頗不同），而收入不同的文集中，那書稿也就擱下了（資料長編仍在擴充，以後或可整合成書）。

## 新舊中西的辯證對峙

　　近代史上的中、西、新、舊，各自都有其獨立的意義，不過相互依存的一面似更顯著。中西和新舊之間的關係，尤更密切而糾結。在某種程度上，正因中國在對外競爭中的屢屢失利，「中西」的認同已帶有太多的感情色彩，承載著強烈的價值判斷，才逐漸被更超越的「新舊」所取代。在很長時期裡，西與新和中與舊，往往可以相互替代。晚清的張德彝便多次將今日譯為博物院／館的 museum 譯作「集新院」。[6] 對後來不少人而言，「博物院」多隱喻著已逝之往昔；[7] 而在張氏眼中，似乎來自異域者即可謂「新」。不過以異為新在那時還是中外皆然，尚無褒貶之義。再後來的新舊中西，就帶有明顯的價值

---

6　按張德彝出身京師同文館，曾任出使翻譯，他似乎知道西方博物館的種類頗多，各有不同，在其書中也有積新宮、集奇館、積骨樓等不同的稱呼，但以集新院為最常見。參見《走向世界叢書》（長沙：嶽麓書社，1985年）中張德彝的《航海述奇》，539、542-543、544、545、567頁；《歐美環遊記》，703、707頁；《隨使法國記》，397、418頁。

7　參見羅志田：《送進博物院：清季民初趨新學者從「現代」裡驅除「古代」的傾向》，《新史學》13卷2期（2002年6月）。

判斷和傾向性了。[8]

從清末到民初，一方面新舊中西之間的緊張在持續，同時也有一些讀書人試圖淡化或超越其間的認同色彩。孫寶瑄在清末提出：「居今世而言學問，無所謂中學也，西學也，新學也，舊學也，今學也，古學也，皆偏於一者也。惟能貫古今，化新舊，渾然於中西，是之謂通學。」而他隨後補上一句「通則無不通矣」，尤其意味深長。[9]真知學問者，很少敢號稱什麼「無不通」，即使定為想要達到的目標，也難說出口；這裡的「無不通」，恐怕更多是要消解中西新舊古今這些「偏於一」的認同。

譚嗣同在《仁學》中即提出，「仁以通為第一義」，而通之義又「以『道通為一』為最渾括」，與孫氏所謂「偏於一」恰相反。而其「通」的四義之一即是「中外通」，最終要實現「有天下而無國」的「地球之治」。蓋「無國則畛域化，戰爭息，猜忌絕，權謀棄，彼我亡，平等出」，則「雖有天下，若無天下」。[10]梁啟超序《仁學》說：「仁者，平等也，無差別相也，無揀擇法也，故無大小之可言也。」[11]可謂知音。這種化除了畛域的境界，或近於公羊家所謂「遠近大小若一」的太平世；但對不少清末士人來說，實即掩去了外強中弱的人我之別。

那時文化競爭的意識逐漸明晰，中西「學戰」一度成為讀書人的口頭禪。在這樣的語境下，為了有利於西學的流行，讀書人也有各式各樣的創新舉措。如「西學源出中國說」，過去多被視為保守，其實

---

8　參見羅志田：《新的崇拜：西潮衝擊下近代中國思想權勢的轉移》，收入其《權勢轉移：近代中國的思想與社會（修訂版）》，北京：北京師範大學出版社，2014年。

9　孫寶瑄：《忘山廬日記》，1897年3月17日，上海：上海古籍出版社，1983年，80頁。

10　譚嗣同：《仁學》，《譚嗣同全集（增訂本）》，蔡尚思、方行編，北京：中華書局，1981年，291-293、296-297、367頁。

11　梁啟超：《〈仁學〉序》，收入《譚嗣同全集（增訂本）》，373-374頁。

也是一種曲線的趨新。彭玉麟便說：「西學者，非僅西人之學也。名為西學，則儒者以非類為恥；知其本出於中國之學，則儒者當以不知為恥。」[12] 但這樣說西學非僅西人之學，總還有些勉強。待進而正名為新學後，又減去幾許躊躇。

大約從曾國藩時代開始，朝廷逐漸成為趨新傾向的後盾。由於朝野取向趨同，新舊之爭也一度淡出時人的言說。然而當慈禧太后想要立「大阿哥」被列強干預時，外國勢力的直接介入導致了朝廷對義和拳排外的支持，庚子後中西新舊又成敏感詞。避難到西安的光緒帝發布諭旨，要求「嚴禁新舊之名，渾融中外之跡」。[13] 這是一個非常有特性的表述，實體性的中外可以渾融，虛懸些的新舊卻被嚴禁。概因那時新舊對立的背後，隱伏著「拳亂」前後士人與朝廷間的緊張。[14]

護理陝西巡撫端方對此上諭的理解，進一步揭示了其中的深意。他在回應的奏摺中自稱：「論制度則不分古今、不分中西，歸於求是焉而已；論學術則不問新舊、不問異同，歸於務實焉而已。」[15] 在急功近利的壓迫下，「求是」和「務實」這類當下需求，不僅泯除了古今，更壓倒了中西這樣的根基性「異同」！彷彿本雅明（Walter Benjamin）所謂時間靜止而停頓的「當下」，呈現為一種辯證的凝固。[16]

12 彭玉麟：《廣學校》（約1883年），鄭振鐸編：《晚清文選》，北京：中國社會科學出版社，2002年，388頁。

13 故宮博物院明清檔案部編：《義和團檔案史料》，北京：中華書局，1959年，下冊，915頁。

14 參見羅志田：《異端的正統化：庚子義和團事件表現出的歷史轉折》，收入其《裂變中的傳承：20世紀前期的中國文化與學術》，北京：中華書局，2009年，1-33頁。

15 端方：《籌議變通政治摺》（光緒二十七年三月九日，1901年4月25日），《端忠敏公奏稿》，臺北：文海出版社，1967年影印（沈雲龍主編《近代中國史料叢刊》第10輯），152頁。

16 本雅明：《歷史哲學論綱》，《啟迪：本雅明文選》，漢娜·阿倫特編，張旭東、王斑

　　若依「國將亡，本必先顛，而後枝葉從之」的古訓（《左傳‧閔公元年》），這並不是好的跡象。從今日的後見之明看，「務實」與中西兩者何為根本、何為枝葉，似不言而喻。但在想要化除強弱優劣等「差別相」的近代，不分中西乃成為朝野之共趨，卻少有人慮及根本顛覆後可能的危亡。而「求是」更提示出一個根本性的轉變，即王國維後來總結的：「自三代至於近世，道出於一而已。泰西通商以後，西學西政之書輸入中國，於是修身齊家治國平天下之道乃出於二。」[17]

　　「道」本應是普適於天下即全人類的，既然西方自有其「道」，則中國的「道」也就成為中西學區分下的一個區域成分了。可以說，正是「西學」在近代中國的確立，使傳統的「道」被空間化了。也因此，「求是」才可以遮蔽中西而仍使人心安理得。「渾融」的願望，直指「遠近大小若一」的太平世，雖有些無奈，卻充滿了真誠。在「道出於二」的大背景下，既然根本性的中西都可以不問，又遑論飄忽流轉的新舊。然而正因中西的淡出，新舊反成為揮之不去的主題。

　　畢竟趨新已成大潮，經過短暫的磨合，新政又成正面的稱謂。結果，中外倒少見刻意的渾融，新舊卻成為難以迴避的立場。從文化到政治，新舊間的尷尬皆存而未泯。江湖之上，或可輕鬆放言；廟堂之中，仍須拿捏分寸。胡思敬觀察到：那時「人人欲避頑固之名」，故端方、趙爾巽「庚子以前守舊，庚子以後維新」；同時「人人欲固卿相之寵」，故榮祿、瞿鴻禨「公庭言維新，私室言守舊」。[18] 換言之，

---

譯，北京：生活‧讀書‧新知三聯書店，2008年，274頁；Walter Benjamin, *The Arcades Project*, trans. by Howard Eiland and Kevin Mclaughlin, Cambridge, Mass.: Harvard University Press, 1999, pp. 462-63.

17 王國維：《論政學疏稿》（1924年），《王國維全集》，杭州、廣州：浙江教育出版社、廣東教育出版社，2009年，第14卷，212頁。

18 胡思敬：《退廬全集‧退廬箋牘‧致同邑諸公論學堂書》（1906年），臺北：文海出版社，1970年影印（沈雲龍主編《近代中國史料叢刊》第45輯），450-451頁。

姿態不能沒有，卻不妨存幾分扭捏。

這樣驟寒轉暖、乍暖還寒的狀態一直延續下去。入民國後，針對著「今之言學者，有新舊之爭，有中西之爭」的現狀，王國維仍感覺有必要「正告天下」曰：「學無新舊也，無中西也。」[19] 這與前引端方的說法頗相印證，王先生個人關於「道出於二」的表述，已不呼而欲出。而社會上的新舊對峙，更此起而彼伏。

不久就有了熱熱鬧鬧的新文化運動，「五四」前後更發生一次明顯的新舊之爭。[20] 與清末不同，這次政府立場明顯偏向舊的一邊。但也是這個政府，又明令各小學從一九二〇年起在三年內全部使用白話教材，讓白話文的提倡者胡適也感驚訝。[21] 政府看似有些無所適從的舉措，揭示出新舊儘管對峙，分野仍不那麼鮮明；其間的含糊朦朧，蘊涵極為豐富。

從根本言，新舊本是互補而相互依存的。我們不必要有貓才能辨識狗的存在，但沒有新就沒有舊（反之亦然），最切合《莊子》所說的「非彼無我」。[22] 近代中國的新舊分野，是不可否認也不必否認的。至少從戊戌維新之時起，這確實是當事人自己的認知。後來的很多場景中，所謂新黨舊黨、新派舊派，也都是時人自己使用的稱呼（包括自己認可的和他人眼中的新舊）。

但孫寶瑄在清末就注意到：「號之曰新，斯有舊矣。新實非新，

19 王國維：《國學叢刊序》（1912年），《觀堂別集》（《王國維遺書》，上海：上海古籍出版社1983年影印，第4冊），卷4，頁6B。

20 參見本書《林紓的認同危機與民初的新舊之爭》和《陳獨秀與「五四」後〈新青年〉的轉向》。

21 唐德剛譯注：《胡適口述自傳》，上海：華東師範大學出版社，1993年，164頁。並參見羅志田：《再造文明的嘗試：胡適傳》，北京：中華書局，2006年，128頁。

22 《莊子·齊物論》。按莊子此處之「彼」有多解，此處不過借其字面義而用之。

舊亦非舊。」[23] 無論在歷時性和共時性、社會和思想的意義上言，新舊都不是絕對的。不僅此時的新到彼時可能成了舊，就是在同一時段，新舊之間也有不少的跨越和交集。新舊本身以及相互之間可以有無數的層次，新中有更新，舊中有更舊，亦即新舊自身之中還有新舊。或可以說，新舊其實更多是一種辯證的對峙，緊張永遠存在，衝突也不可避免，但很多時候，立場超過主張、態度先於「是非」，也就是社會意義的新舊往往大於思想意義的新舊。

我自己一向關注新舊間這樣一種你中有我、我中有你的互存狀態。且新舊的錯位不是靜止的，而是一種相互碰撞、相互影響的動態關係。對這類模棱兩可的複雜現象，或不宜先把立言者分門別類而觀察之；最好是據其所立之言進行考察分析，側重其對特定問題、現象的見解異同；雖不忘記，卻先不考慮立言者屬於何門何派。為展現思想者所思所想的歷史動態，不妨更多從社會視角看思想，而不一定非圍繞概念立論不可。這樣，從思考到表述，都特別需要以人為本，並「見之於行事」。[24]

## 從戊戌到五四的新舊之爭

本書的基本取向，就是通過具體的人怎樣做具體的事來展現近代的新舊之爭。這書的出現，起因於《權勢轉移：近代中國的思想、社會與學術》一書的修訂和改編。全書有四篇文章出自該書，比《權勢轉移：近代中國的思想與社會（修訂版）》還多，在某種程度上也是該書的一種延續。四文中「戊戌」和「五四」各兩篇，又增添了四篇

---

23 孫寶瑄：《忘山廬日記》，1897年3月17日，上海：上海古籍出版社，1984年，80頁。
24 據司馬遷在《史記‧太史公自序》中的說法，「我欲載之空言，不如見之於行事之深切著明也」是孔子的主張。

與「五四」相關的文字，並將舊作《失去重心的近代中國》改寫，置於卷首，兼作全書的導言。

從「一般近代史」的眼光看，新舊之間持續的纏繞互競，或歸結於近代中國已失去了重心。西潮衝擊之下的中國士人，由於對文化競爭的認識不足，沿著西學為用的方向走上了中學不能為體的不歸路，失去了自身的文化立足點。立足點的失落造成士人心態的劇變，從自認為世界文化的中心到承認中國文化野蠻，退居世界文化的邊緣。結果，從思想界到整個社會上都形成一股尊西崇新的大潮，即使稱作「新的崇拜」也不為過。

思想權勢的轉移是與社會權勢的轉移伴生的。以士農工商四大群體為基本要素的傳統社會結構，在自身演變出現危機時，恰遇西潮的衝擊而解體。居四民之首的士在向新型知識人轉化的過程中，卻未能避免讀書人整體在社會上的邊緣化。伴隨著近代正統衰落、異軍突起的整體趨勢，邊緣知識人和軍人、職業革命家、工商業者等新興社群一步步崛起，進而出現聽眾的擁護與否決定立說者的地位、老師反向學生靠攏這樣一種特殊的社會權勢再轉移。

不論從思想演化還是社會變遷及其互動關係看，近代中國可以說已失去重心。由於舊者「欲避頑固之名」，而新者還要更新，中間主幹之位的空虛就成為近代中國的持續現象。甚至經典的淡出和帝制改共和這樣以千年計的根本巨變，也沒能改變新舊之爭的綿延持續。因為前者本是重心喪失的一個關鍵因素，後者似亦未能形成一個新的重心。這最能提示新舊之爭與思想社會失重的關聯，也說明這一現象在近代史上舉足輕重的地位。

由於趨新大趨勢的影響，既存研究中偏舊的一方往往處於失語的狀態，這在很大程度上影響了我們對新舊本身及其競爭的認識。但舊的失語並不意味著舊的隱去，有時反因此而過度彰顯其舊的形象。例

如，在較長的時間裡，學界多以為近代湖南區域文化的主流傾向是守舊，其實湘學原處邊緣，因湘軍興起而導致「湘運之起」，才逐漸走向中央。咸同一代湘籍人物基本在洋務這一趨新路向之上，這才是近代湖南文化的主流。到後湘軍時代，新派在甲午後重建從魏源到郭嵩燾、曾紀澤這一趨新學脈時，舊派提不出可以取代的著名湘籍學人，只能予以默認，故鄉邦意識使湖南士人難以完全守舊。

另一方面，正因一些湖南舊派代表人物在既存研究中的失語，他們的內心世界和真實思想，及其對國情的實際認知，都較少為人所關注，而往往據其舊的標籤做出帶有價值傾向的判斷。實際上，戊戌維新時期舊派中最受矚目的王先謙和葉德輝，也都主張變法（具體內容與新派有別），並曾一度支持或實際參與新政（程度有不同）。若認真考察史實，他們的思想觀念都頗具新成分。與此相類，新派中人也有不少舊觀念，如南學會主講皮錫瑞，主要是態度趨新，在學理上則不甚知新，而更多處於在游泳中學習游泳的階段。

當時新舊雙方的許多思慮其實相近，也暗中分享不少對立面的觀點。他們都認識到西潮衝擊對中國的重大影響，並思有以因應，其區別主要在於對衝擊影響所及的面相、嚴重性、以及迫切的程度之上：新派害怕不行新政則瓜分之禍亟，外患又必引起內亂，從而造成亡國；舊派則認為人心不固將先生內亂而招外侮，然後亡國。重要的是，湖南的舊派在相當時期內實際是與改革的朝旨作對，這一非常規的政治行為，要求更深入的分析和詮釋。充分認識到新舊中西之間的糾結纏繞，就可看到，舊派諸人不甚反對西學，而更反對康有為模式的公羊學。因為後者的自亂陣腳危及文化的根本，遠比引進西學可怕，故不能不挺身出來說話。

如果說清末代表時代的標誌性人物是康有為和梁啟超，進入民國不久，他們就為陳獨秀和胡適所取代。陳獨秀被胡適稱作「終身的反

對派」，其傳奇人生尤其充滿對立、緊張和顛覆。他一生言論的核心，即在帝制改共和這一根本轉變之下，「國」與「民」的關係需要釐清和重構，並在此基礎上建設一個現代的國家。陳氏因發出了時代的聲音而引起矚目，又因關注趨新青年這一社會變遷的新興群體而贏得了大量追隨者，更因倡導從國家向國民、從政治到文化的轉向而起到開風氣的作用，很快形成全國性的影響，與胡適一起成為新的標誌性人物。

在此進程中，陳獨秀創辦的《新青年》成為「五四」時最重要的刊物，但後期則出現了明顯的轉向，與陳本人的思想轉變密切相關。在胡適看來，轉向的直接誘因，是陳獨秀不再繼續擔任北大文科學長。此事涉及校內的大學體制構建，以及與辦學取向異同相關的人事之爭。而陳氏在自由主義和馬克思主義之間的轉移，以及他和胡適之間的相互影響，都揭示出「五四」遠比我們認知的更豐富多彩。正是讀書人的責任感，使陳獨秀從不談政治到談政治，最終走向直接訴諸行動的政治革命；但實際政治運作非其所長，在孤寂落寞的晚年，他還是回歸到了文章士的行列。

《新青年》轉向有著更廣闊的因緣脈絡，就是當時北京的新舊之爭（全國亦然，但更直接的衝突多表現在京城）。那時文學革命逐漸向思想領域發展，引起一些文化守舊者的不安和不滿，但由於舊派的整體失語，挺身而出的反是舊資格有些不足的林紓，其認同危機使他在這次新舊之爭中屢屢進退失據，表現出一個與戊戌前後湖南情形相近似的現象，即新舊人物的社會分野與其思想觀念並不完全成正比，兩派以及各派之中不同人物的思想、心態與社會行為，均可見明顯的相互參伍與錯位。

儘管今人已在思考怎樣繼承「五四遺產」，其實不論是廣義還是狹義的「五四」，都還有一些基本史實沒搞清楚，仍是一個言人人殊

的狀態，離蓋棺論定尚遠。而其中一些迷思，就起於當時的當事人。胡適等新文化運動領導人，特別看重他們「與一般人生出交涉」的取向，或暗示或明示這方面的成功，並為很多後之研究者所接受。實則文學革命更多是一場菁英氣十足的上層革命，其效應主要也在向往上升到菁英的邊緣知識青年中間。

但不論其社會反響是否出於普通的「一般人」，正因這樣一種想要「生出交涉」的主動傾斜，遂促成一個前已提到的特殊趨勢，即聽眾的擁護與否決定立說者的地位、老師反向學生靠攏。「五四」以後，「學生」這一近代新教育的社會成果日漸脫穎而出，體現出群體的自覺，並被賦予救國救民的重任，卻也越來越疏離於教育和學術本身。當時的老師輩即已觀察到這一現象，並有試圖把學生從社會拉回課堂的努力，但不很成功。

「五四」那豐富多歧的面相，也可由後人對「五四」基本觀念的發展去認識。新文化運動兩個基本口號是科學與民主，在「五四」學生運動後各有過一場較大的爭論，即一九二三年的科學與人生觀（玄學）之爭和北伐成功之後關於「人權」的論爭以及「九一八」後的民主與獨裁之爭。從思想史的角度看，這兩次爭論可以說是後「五四」時期中國思想界對「五四」基本理念的反思，參與者包括不少「五四」時的領軍人物，較能反映同一批人在時代轉變後對原有基本理念的重新檢討。

不過，這些反思基本是在尊西趨新的陣營中進行，較少受西方文化影響的「保守」者，以及正脫除西方影響的章太炎等人，便不在此「語言天地」之中，其關懷有所不同，也幾乎不怎麼關注這些爭論。[25] 在一定程度上，科學與玄學之爭又是那時不同的新文化運動之

---

25 關於「語言天地」（the universe of discourse），參見錢鍾書：《管錐編》（三），北京：生活‧讀書‧新知三聯書店，2007年，1108-1109頁。

間的論爭。[26] 而且，隨著第一次世界大戰後「西方的分裂」和北伐帶來的政權轉移，「新舊」似逐漸淡化，而「中西」的辨析又一度升溫。再後來出現的「左右」分野和對峙，多少是西方的不同「主義」以中國為戰場開展鬥爭（唯「西與西鬥」的表象仍時時反映著中西之爭的實質）。[27]

部分或因「九一八」後國難的深重，中國思想言說中傳統似顯回歸的徵兆。但主要不是表現在那些提倡中國本位文化者（仔細考察，便可知他們的思想資源多從西來），而是全盤西化論的提出。後者是西潮有所衰落的表徵，蓋前此大家皆西向，本不必再言西化；只有到西化已成疑問之時，才需要大肆鼓吹。西化而必須爭，且須全盤，正反映出西化派本身在「西方分裂」語境下的危機感（當然，這是已居正統者對邊緣上升那種潛在危機的預感）。

這些不同的態度，也表現出立言者對本國文化傳統和世界文明的認知。那些一度主張全盤西化的，其實可能更相信傳統的力量（雖更多從負面的惰性著眼）；那些試圖維護中國本位文化的，反有些自信不足，似乎再不做有形的提倡，傳統便可能在無形中消逝。最著名的西化提倡者胡適敢於認為西人已不能正確認識自己文明的優點，中國對世界文明的貢獻在於幫助西人認識到「西方文明最偉大的精神遺產」是社會主義。[28] 而後來有些學者試圖發掘中國傳統中所謂「普世」性的優良成分以貢獻於人類，其實更多是要尋找中國傳統中與西方價值相同或相通的成分，無意中恐怕多少還有點東方主義的影子在。

---

26 參見北京大學歷史學系周月峰完成中的博士論文《求解放的改造：梁啟超等人的新文化運動》。

27 參見羅志田：《西方的分裂：國際風雲與五四前後中國思想的演變》，《中國社會科學》1999年3期。

28 參見羅志田：《再造文明的嘗試：胡適傳》，270-271頁。

## 或可渾融的中外之跡

梁啟超曾把近代中國稱作「過渡時代」，從政治到社會，生活到心態，思想到學術，無不反映出某種半新半舊、亦新亦舊的狀態，「互起互伏，波波相續」。[29] 新舊中西之間的緊張和糾結，發源於百多年前，雖時鬆時緊，迄今仍在影響我們。朱自清後來說，那是「一個動亂時代。一切都在搖盪不定之中，一切都在隨時變化之中」。[30] 新舊中西的關聯、互動與競爭，就是一個典型的代表，在搖盪不定之中隨時變化，表現出眾多似是而非的詭論性（paradoxical）現象，確實需要辯證地認識。

前所說北伐後「新舊」的淡化和「中西」的升溫，恰與庚子後朝廷諭旨的立意相反，既表現出政治變更對思想言說的影響，也提示出更深邃的意蘊。作為實體的中西，本是相對固定的，而新舊則一直處於發展之中。然而近代中國的新舊本更多是中西的表現（representation），新舊之爭也大致由中西「學戰」內化而來。

在「道出於一」的階段，中西向新舊的轉換更多在認知層面，「從新」只是一種提升，雖已有些取代的意思，畢竟還是隱晦的。若「道出於二」，則「尊西」就意味著在意識層面也要棄中，不啻一種皈依式的「降伏」。或許這可以解釋嚴復的轉變：其早年主張實際的全盤西化，只是「道出於一」意義上的提升；晚年退而區分中西以維護中學，卻是在「道出於二」層面的退守。

不過，「道出於二」至少還是各存其「道」，雖已退而尚有所守，

---

29 梁啟超：《過渡時代論》（1901年），《飲冰室合集・文集之六》，北京：中華書局，1989年影印，27-30頁。

30 朱自清：《動亂時代》（1946年7月），《朱自清全集》（3），朱喬森編，南京：江蘇教育出版社，1996年，115頁。

還是一種相對理想的狀態；清末朝野的實際作為，有意無間已開啟了一種另類的（alternative）「道通為一」（借莊子語），實即「道出於西」。入民國後，隨著國人對西方了解的步步深入，「西與西鬥」的現象也層出不窮。大家所爭的，是要追隨西方最新最好的主義和學說。

對於中國而言，那是一個學習的時代。在很長的時間裡，必須向西方（及其變體日本和俄國）學習，已成朝野一致的共識。二十世紀的幾次政權轉變，都沒有影響這一基本的思路和走向。所改變的，只是向誰學和怎樣學一類面相。

近代國人的學習西方，是想學中國所沒有、所需要的。從新舊視角看，倘若要學的是一種已完成的「新」，即新本身不過是外在的或外來的，則學習本身也有「完成」的可能。這樣，學習者或學生的地位是可以改變的。但一方面，這「需要」本身可以是灌輸、塑造或構建出來的，新的不足和缺陷被「發現」不僅有可能，也表現在實際的學習過程中。另一方面，因為要學最新的，而外在的「新」本身也是發展的，結果就是學習者自己永遠不夠新，永遠處於不斷更新的階段，也就是永遠要學。

在這似無盡頭的持續學習進程中，怎樣保持自我，成為對幾代讀書人的一大挑戰。如果政治體制變了（帝制改共和），日曆、服裝（後來還有喪葬）等基本生活方式變了，指引人生的綱常倫理也變了，連主體的精神、思想都變了，這還是那個「中國」嗎？如果中國僅成一個符號，而且這符號還變了意思（即不再是天下之中，也不代表與夷狄不同的華夏，而僅是特定空間裡的一群人），那中國的意義何在？

這直接牽涉到中國的「國性」（national identity）或中國性（the Chineseness）的根本問題。所有那些主張「師夷之長技以制夷」，到中體西用，再到清末到底是黃帝還是孔子代表中國，一直到民初的國

體與綱常，以及新文化運動時的倫理與政治的種種論爭，都集中體現
了同一方向的思慮——所謂國家或民族的文化體系，到底是立體的還
是平面的？到底是一個可分的組合體，還是一個不可分的整體？

　　前一問題的核心，即幾千年甚至更長的歷史積累，以及對此積累
的記憶，是否是一個文化（甚或國家）的必要組成部分；後者則在
於，文化的改造是必須整體地全部改變，還是可以保留一部分原有
的，增添一部分外來的，進而衍化出一個新的組合體？

　　對於前者，其實沒有多少正式的爭論，但從清末章太炎對歷史民
族主義的強調到民初那些想把傳統「送進博物院」的鼓吹，[31] 便體現
出截然不同的態度。對於後者，從嚴復的牛體不能馬用[32] 到魯迅等的
all or nothing 主張[33]，都表現出一種或存或棄的整體觀（要進一步區
分是故意說還是真相信）；而陳寅恪那「一方面吸收輸入外來之學
說，一方面不忘本來民族之地位」，則表現出一種切分組合的取向。[34]
這些不同的選擇，都要放在學西方的大背景下認識，主張中國完全不
變的，幾乎見不到（至少沒怎麼出聲）。

　　各種不同意見背後隱伏著共同的主題——即使以「務實」為目
標、「求是」為準繩，在外向學習中，是否要、以及怎樣保持自我的
主體性。這並非想要回歸原來的「道出於一」，卻也在有意無意間迴
避著「道出於西」；更多是在「道出於二」的大背景下，探索如何各

---

31　參見羅志田：《送進博物院：清季民初趨新學者從「現代」裡驅除「古代」的傾
　　向》，《新史學》13卷2期（2002年6月）。

32　參見嚴復：《與〈外交報〉主人書》，《嚴復集》，王栻主編，北京：中華書局，1986
　　年，第3冊，558-559頁。

33　魯迅：《熱風·隨感錄四十八》，《魯迅全集》（1），北京：人民文學出版社，336-337
　　頁。他自己的譯文是「全部，或全無」，見其《在現代中國的孔夫子》，《魯迅全集》
　　（6），313頁。

34　陳寅恪：《馮友蘭〈中國哲學史〉下冊審查報告》，《金明館叢稿二編》，北京：生
　　活·讀書·新知三聯書店，2001年，284-285頁。

存其道（卻並非各行其道）的蹊徑。若以和而不同為追求的境界，「渾融」還真是不錯的選擇。清季避難西安的君臣，倉促間不失文思之微妙，仍存幾分「臨難毋苟免」的氣度。

傅斯年後來說，「天下事不可有二本」，卻又不能僅是一本。蓋「傳統是不死的」，一個民族也不可能「全盤化成別人」。故一方面必須「承認傳統的有效性」，即「認清中國文化傳統的力量」，並「認定它是完全抹殺不了的」；同時「也要認定它與時代的脫節」，不能不「為傳統受影響而預作適應之計」，準備「做徹底的修正」。這就是「求其適中」。而所謂適中，「並不是一半一半揉雜著，乃是兩個相反的原則，協調起來，成為一個有效的進步的步驟」。[35] 這樣相反相成的對立統一，充分體現了「和實生物，同則不繼」（《國語‧鄭語》）那可持續發展的古意，或可視為「渾融」取向的現代表述。

近代傳統日趨崩散，新的思想資源也凌亂無序（還有相當一些是轉手的），士人在不間斷的糾結和掙扎中，一面收拾外來學理，有意無意之間又結合散亂零落的傳統因素，試圖重整文化秩序和政治秩序，反思人與人的基本關係，甚至考慮是堅持還是重構以家庭為基礎的社會模式。這些持續而仍在進行的探索和調適，是新舊之爭最具建設性的面相，反映出中國的國性那開放而包容的傳統。在此進程中，各式各樣的組合不斷呈現，雖非新非舊、不古不今，甚或「童牛角馬」，中國文化卻開始獲得新的生命樣態。[36]

---

35 傅斯年：《中國學校制度之批評》（1950年），《傅斯年全集》，臺北：聯經出版公司，1980年，第6冊，119-126頁。

36 本段一些想法，承北京大學歷史學系王果同學提示。關於考慮重構以家庭為基礎的社會模式，參見北京大學歷史學系趙妍傑關於近代中國家庭革命的博士論文（完成中）。「童牛角馬」出自《太玄經》，是陳寅恪愛用的語彙，用以指陳一種「同異俱冥、今古合流」的化境，連天人關係的改變也可能包含在內。參見羅志田：《陳寅恪的「不古不今之學」》，《近代史研究》2008年6期。

人類今天面臨著前所未有的人際、群際、國際甚或天人的衝突，往往衍為對峙。有些長期積累的畛域，或不那麼容易泯除，卻真有「渾融」之可能——有所存留、有所超越。不妨學學近代中國那些以「天下」為己任的讀書人，先放棄中西新舊甚至所謂「普世」等分類前提，直觀各文化中可以幫助今人解決人與人、人與自然等基本關係的思想資源，或真能讓世界變得更美好。

## 鳴謝

下面一段話已多次出現在拙作的序言之中，仍願重複一遍：本書倘幸有所得，都建立在繼承、借鑑和發展既存研究的基礎之上。由於現行圖書發行方式使窮盡已刊研究成果成為一件非常困難之事，對相關題目的既存論著，個人雖已盡力搜求，難保不無闕漏。同時，因論著多而參閱時間不一，有時看了別人的文章著作，實受影響而自以為己出者，恐亦難免。故在向既存研究的作者致謝之同時，我願意申明：凡屬觀點相近相同，而別處有論著先提及者，其「專利」自屬發表在前者，均請視為個人學術規範不嚴，利用他人成果而未及注明，請讀者和同人見諒。

本書各文寫作時間相差很多，因論述相關，不免有重複之處，自己有時還不易察覺。蘇州大學歷史系的魯萍老師代為核閱一過，指出了重複之處；此次改寫過的舊文，又承北大歷史系的王波同學代為核閱；這都是我非常感謝的！凡是史料敘述重複之處，現已盡量刪並。個別有代表性又很能啟示人的話，則雖引用兩次以上，仍予保留。敬祈諒解。我在《權勢轉移》的修訂序中說：

現在重看舊作，印象特別深的是每篇文章前面有那樣多致謝的

人。因為那時的治學條件確實差，尤其在成都治近代史，資料
非常缺乏（四川早年主持圖書館的老先生基本不視近幾十年的
歷史為正當學問，所以不重視這類史料的收藏），不得不境內
外四處求援；與今天材料多到看不完的狀態，真不可同日而
語。各文中致謝的人，有的已歸道山，許多成了大人物。這次
的修訂，凡是前輩和平輩，姓名皆刪略（感激則永存心中），
僅留下那些幫助過我的年輕人之姓名。

也因當年的資料狀況，文中使用材料的版本各異，尤其是不那
麼「進步」甚或「政治不正確」的人物，其文集昔年很難再
版，幾乎是找到什麼用什麼，顯得相當雜亂。這次凡修改之
文，儘量改用新出的全集一類統一文本，餘亦仍舊，只能以後
再進行全面的修訂。如有因此而產生的文字歧異和錯誤，非常
希望發現的讀者予以指正。

　　儘管本書各文尚不成熟，恐怕會有辱師教，但我仍願意在此衷心
感謝成都地質學院子弟小學、成都五中、四川大學、新墨西哥大學、
普林斯頓大學各位傳道授業解惑的老師以及這些年來我所私淑的各位
老師。他們在我修業問學的各個階段中都曾給我以熱誠的關懷和第一
流的教誨，在我畢業之後繼續為我師表，誨我不倦，這或許是我比一
些同輩學人更為幸運之處吧！本書各文若幸有所獲，悉來自各師的教
導。當然，所有謬誤之處，皆由我個人負責。

　　當老師的一大好處，就是可以教學相長。近年新出各文，都曾經
過我一些學生的審核，大大減少了錯別字和不通不順的表述，已在各
文中致謝，但我還想在這裡再次表示謝忱！

　　　　　　　　　　　　　　二〇一三年三月二十八日於旅京寓所

# 失去重心的近代中國：清末民初思想與社會的權勢轉移

百多年的「近代中國」，亂多於治，可以說沒有十年的安穩日子；與兩千年「傳統中國」的治多於亂、總有一千多年的安定適成鮮明對照。過去許多人愛說中國是睡獅，發展停滯，似乎不很高明。但睡獅初醒，似仍類虎落平陽，外遇強權，尚難自保；內則試圖「取而代之者」此起彼伏，你方唱罷我登場。對於一般老百姓，恐怕還不如發展停滯時那樣寧靜。二十世紀前期更是中國變化最劇烈的時段，不僅政治舞臺上的新角色層出不窮，思想界其實也是新人輩出，又均未能形成持久的影響。

近代中國何以久亂而不治？一言以蔽之，就是沒有一個文化、社會、思想的重心。章太炎在一九一八年注意到：「六七年來所見國中人物，皆暴起一時，小成即墮。」重要的是，「一國人物，未有可保五年之人，而中間主幹之位遂虛」。[1] 約一年後，胡適也感歎說：「十年來的人物，只有死者能保住盛名。」[2] 他們兩位堪稱各自那一代人的翹楚，當時的文化立場頗不相同，卻在大約同時注意到同樣的現象。其所見雖是民初之事，揆諸後來的歷史，這個現象基本是持續的。

---

1　章太炎：《對重慶學界的演說》（1918年3月），《章太炎講演集》，馬勇編，石家莊：河北人民出版社，2004年，73頁。

2　胡適：《致高一涵等（稿）》（1919年10月8日），《胡適來往書信選》，北京：中華書局，1979年，上冊，72頁。

　　且章、胡二氏自己，亦在此循環之中。君不見太炎說此話之時，他本人及嚴復、康有為、梁啟超諸賢都還在壯年，卻不得不讓年少的胡適「暴得大名」。[3] 的確，清末民初中國思想界的激進化，真是一日千里。從新變舊，有時不過是幾年甚至幾個月的事。曾開一代風氣的「新黨」代表梁啟超，就是在很短時期內就被其追隨者視為保守而摒棄，不得不反過來「跟著少年跑」。[4]

　　胡適就曾是梁啟超的追隨者，但也遺憾地指出：「有時候，我們跟他走到一點上，還想望前走，他倒打住了。……我們不免感覺一點失望。」[5] 以溫和著稱的胡適如此，激進者自不待言。而胡適不久也重蹈梁氏的覆轍。他得名後不及十年，亦旋即被一些也想西化但更年輕的新知識菁英視為「新文化運動的老少年」，已「中止其努力」了。梁叔瑩責備胡適一輩說：「這些老少年們還沒有做完他們前驅的工作，還沒有把一班人帶上了新時代的坦途上，他們便撒手不管了。」[6] 其想法和思路，與胡適當年責備梁啟超未盡帶路之責，如出一轍。

　　到一九三二年，胡適對於近代中國始終亂哄哄的局面有了進一步的理解，知道了沒有大家尊仰的「人物」在，乃是中間主幹之位空虛的表象，大致與章太炎達成了共識。那時他認識到：中國那六七十年的歷史所以一事無成，中國的民族自救運動之所以失敗，「都只因為我們把六七十年的光陰拋擲在尋求建立一個社會重心而終不可得」。[7]

---

3　參見余英時：《中國近代思想史上的胡適》，收入其《現代危機與思想人物》，北京：生活·讀書·新知三聯書店，2005年，129頁。

4　參見錢基博：《現代中國文學史》，北京：中國人民大學出版社，2004年，361頁。

5　胡適：《四十自述》（1931-1932年），《胡適全集》（18），合肥：安徽教育出版社，2003年，59-60頁。

6　梁叔瑩：《思想上的新時代》，《晨報副刊》，1927年2月14日，1版。

7　本段與下段，胡適：《慘痛的回憶與反省》，《獨立評論》，第18號（1932年9月18日），11-13頁。

　　近代中國何以久無社會重心？胡適以為是因為中國離封建時代太遠，對君主制的信念又為墮落的清季朝廷所毀壞，再加上科舉制使社會階級太平等化，人民窮而無資產階級，以及教育不普及，也不存在有勢力的知識階級等等。這些見解大多有些道理，但也不免有些「隔」。且其所說的科舉制度，恐怕正是過去兩千年之所以能有社會政治重心的重要基礎條件。

　　太炎的認識更為深刻。在他看來，這是因為近人「不習歷史，小智自私，小器自滿」。蓋「歷史之於任事，如棋譜之於行棋」。晚清從曾國藩到張之洞，對歷史知識，素所儲備，故尚能得力。民國人不習歷史，恰如不習譜而妄行棋，則「成敗利鈍，絕無把握」，遂造成「一國無長可依賴之人」的局面。[8] 章氏所說的歷史，其涵蓋遠比一般人所認知者更廣大，約略即其在清季愛說的國粹，也就是我們今日所說的文化。

　　近代中國讀書人因文化競爭失敗，競相學習西方，從西學為用走上了中學不能為體的不歸路。正所謂邯鄲學步，反失其故。自身的立腳點一失去，就出現了國中人物「暴起一時，小成即墮」的現象。因此，國無重心的狀態，不能簡單從任何一個方面解釋，而當納入中國社會發展的內在理路及西潮衝擊之下整個近代中國的巨變這一縱橫大框架中進行探討，注重思想演化與社會變遷的互動關係——社會結構的變遷可能引起思想的轉變，而時人心態變化也可以反觀社會的變動，後者尤可彌補現存社會統計資料的不足和不準確。

　　簡言之，那是一個整體失範的時代，中間主幹之位的空虛是全面的。其結果，不論思想社會，都呈正統衰落、邊緣上升的趨勢。[9] 在

---

8　章太炎：《對重慶學界的演說》，《章太炎講演集》，73-74頁。

9　胡適曾用「『正統』的崩壞，『異軍』的復活」來描述新文化運動後中國學術界的傾向，竊以為也非常適合整個近代中國思想、社會的大趨勢。參見胡適致錢玄同，1932年5月10日，《胡適全集》（24），合肥：安徽教育出版社，2003年，118頁。

思想方面，中國讀書人在不知不覺中被西方改變了思想方式，沿著「西學為用」的方向走上了「中學不能為體」的不歸路。在社會方面，居四民之首的士向知識人轉化，而知識人也在社會意義上逐步邊緣化、以及邊緣知識青年的興起，是一個連續、相關而又充滿變化的進程。

## 一 思想權勢轉移：從西學不能為用到中學不能為體

近代中國之所以久亂而不治，西潮衝擊是一個主要原因。而其淵源，尚更在西潮東漸之前。龔自珍在道光年間，已指出中國本身思想文化重心由京師向山林的傾移。他在那時寫的《尊隱》中，便注意到「古先冊書，聖智心肝」及「人功菁英，百工魁傑」等，均已「不留京師」；於是那裡的有識之士既貧且賤，而「豪傑益輕量京師，則山中之勢重矣」。孔子早就說過：「天下有道則見，無道則隱。」（《論語·泰伯》）只要天下有道，士人就應出仕。而龔生此文竟名為《尊隱》，儼然影射彼時已是天下無道，故士人流向山林，致國失重心。

這樣看來，中國之衰敗，不待西潮衝擊已經開始了。但近代更重要的思想權勢轉移，無疑是士人面臨西潮的全方位盪擊，被迫做出反應，從而引出一系列文化、社會、經濟、政治以及思想的大變化。就思想文化言，中西之間的文化競爭是中外矛盾的關鍵。西方在文化競爭方面是有備而來，中方則是在競爭過程中才逐步認識到時人所稱的「學戰」的重要，故在不知不覺中被西方改變了思想方式，可以說是沿著「西學為用」的方向走上了「中學不能為體」的不歸路。在失去文化立足點後，更因多層次的心態緊張步入激進化的軌道，造成思想界群龍無首、不知所趨的局面。

由於中國士人在文化競爭中的失敗，西方對中國的文化滲透逐漸

由中國知識人來起主要的作用。早在一八九一年，康有為已指出當時士人「稍知西學，則尊奉太過，而化為西人」。[10] 到一八九五年，嚴復就認定所有中國學問既不能致中國於富強，也不能救中國於危亡，故通通可說是「無用」，皆應暫時「束之高閣」。[11] 而且，正是嚴復譯述的《天演論》，特別是他把進化論化約成的「優勝劣敗，適者生存」的簡單公式，最後說服了許多中國士人。有此理論，強力就成了最好的說服手段。既然中國屢被戰敗，則其文化必然低劣。中國人從以前不以成敗論英雄到承認敗即是劣，其價值觀念已基本轉到西方一邊。西方在改變中國人思想方式一點上已基本成功，西方文化優越的觀念在中國士人心目中已經確立了。

一旦中國人承認自己文化低劣，則為了自救，除了學習西方之外別無選擇。在這種情形下，自以為「野蠻」，主張為重建新中國新文化而破壞自己的固有文化，都是順理成章的發展。其結果，便是出現一種「新的崇拜」：新即是善，舊即是惡；新舊和進步與保守漸成價值判斷的依據。而新又是西方式近代化的代名詞。英文的 modernism，今日是譯作「現代主義（或近代主義）」的，在那時卻翻譯為「從新主義」，[12] 極具象徵意義。

一方面，新舊之爭始終是近代中國一個持續的現象；另一方面，由於新舊本身已成價值判斷的基礎，守舊一派不僅不能成為主流，也確實既提不出對現實問題的解決方法，因為他們很難從復舊（已經失敗的舊）中展現出一個比當下更好的未來。新文化運動可能是最後一

---

10 康有為：《答朱一新》（光緒十七年），《康子內外篇（外六種）》，北京：中華書局，1988年，171頁。

11 轉引自 Benjamin Schwartz, *In Search of Wealth and Power: Yen Fu and the West* (Cambridge, Mass., 1964), p. 87.

12 A.H. Mateer, *Hand Book of New Terms* (Shanghai, 1917), p. 80.

次顯著的新舊之爭，此後思想界稍具代表性的論戰，基本都是新與新戰；在所謂的思想界，舊派已大致失語。

魯迅的一次描述，最能表現舊派的失語。他在一九二六年回憶說：自己少年時讀《天演論》等新書，就有本家的老輩說他不對，並示之以許應騤參康有為變法的奏摺。可知清末還有「老輩」試圖與趨新者爭奪下一代，但顯然不成功。魯迅在引用了「臣許應騤跪奏」後說，「那文章，現在是一句也不記得了」。[13] 以當年抄書背書的習慣，魯迅很可能是故意這麼說。但這一手法恰揭示齣目前教科書、通史甚至專門論著中的現象——在這些敘述裡，我們都看到反對變法的許應騤（時由總理各國事務衙門大臣轉任禮部尚書），但他具體說了什麼，則大家並不十分關心，幾乎也像魯迅一樣，一句都不引用。

許應騤在那份奏摺中引用了前協辦大學士李鴻藻的一個判斷：「今之以西學自炫者，絕無心得，不過借端牟利，借徑弋名。」[14] 他對此表示贊同，無意之中卻點出一個重要的社會現象：近代趨新形成風氣甚早，且已落實在上升性社會變動（social mobility）之上。人莫不思「上進」，既然可以「自炫」，可以「牟利」，可以「弋名」，西學在當時的社會功用實在不小。如此流風所播，故有黃遠庸後來所描述的現象：「喬木世臣、篤故舊紳，亦相率襲取口頭皮毛，求見容悅。」[15] 可知趨新的持續，正是晚清的大趨勢。

而新舊勢力的消長和競爭，又以辛亥革命為一個大轉變。最主要的變化即是新舊之間的攻守之勢變了。過去是因為舊的不好，所以要

---

13 魯迅：《朝花夕拾・瑣記》，《魯迅全集》（2），北京：人民文學出版社，1981年，296頁。

14 《許筠庵尚書明白回奏摺》，蘇輿編：《翼教叢編》，上海：上海書店出版社，2002年，28頁。

15 黃遠庸：《新舊思想之衝突》，收在《黃遠生遺著》，臺北：文海出版社影印，上海1938年增訂本，卷一，120頁。

新。林白水於一九○二年在《杭州白話報》的一段話說得簡單明了：

> 因為是舊學問不好，要想造成那一種新學問；因為是舊知識不好，要想造成那一種新知識。千句話並一句話，因為是舊中國不好，要想造成那一種新中國。[16]

辛亥革命後，就完全反過來了。陳獨秀在《新青年》上明白指出：

> 要擁護那德先生，便不得不反對孔教、禮法、貞節、舊倫理、舊政治。要擁護那賽先生，便不得不反對舊藝術、舊宗教。要擁護德先生，又要擁護賽先生，便不得不反對國粹和舊文學。[17]

為了擁護新來的西方民主與科學，中國傳統的一切差不多都要反對乾淨了。「五四」新文化人有意以西方為本位的取向，在這裡是非常明顯的。

那時在北京的美國哲學家杜威，就注意到中國這一尊西崇新的大趨勢。一九二一年六月三十日，杜威在北京各界給他送行的大會上，談其對中國的印象，「青年方面呢，都渴望新思想」，而「毫無守舊的態度」。而在知識階級中，「就是年長的人，也很肯容納新的思想，與青年有一樣的態度」。杜威指出：「全世界無論哪一國裡，要找這一群青年，恐是很難的。」換言之，中國讀書人無論少長，其趨新已達世界少有的程度。[18]

---

16 轉引自章伯鋒、顧亞主編：《近代稗海》，第12輯，成都：四川人民出版社，1988年，427頁。

17 陳獨秀：《本志罪案之答辯書》，《新青年》，6卷1期（（1919年1月），10頁。

18 杜威的話，當時在會上就由女師大代表吳卓生的致辭所證明。她說：「中國人有許多崇新太過了，以為男女之間可以毫無拘束，所以很鬧些笑話。」還靠杜威的夫人

　　嚴復以為，近代中國士人對於新說的態度有二：「不為無理偏執之頑固，則為逢迎變化之隨波。」究其原因，就是對中國的傳統學問，「除以為門面語外，本無心得；本國倫理政治之根源盛大處，彼亦無有真知」。一句話，關鍵還是心中「本無所主」，所以表現出進退失據的現象。[19] 換言之，如果中學不能為體，西學也就難以為用。錢穆指出：中體西用雖然是晚清士人的共識，但當時的人「實在也並不知道中學之體是一個什麼體。自己認識不足，在空洞無把柄的心理狀態中，如何運用得別人家的文化成績」？結果「西學為用」也不能成功，實即體用皆空。[20]

　　中國文化失敗最具象徵性的現象，即是從二十世紀初到現在，國人對於「國粹」的內容仍無定論。實際上，「國粹」一開始更多是由思想界的「非主流派」提出的（那時的主流仍是康、梁，特別是梁啟超），且從未得到完全肯定（儘管所謂國粹派，其實也是部分由西方思想武裝起來的）。近日海峽兩岸出版物中，國粹一詞已極少出現。偶而提到時，如非貶義，也多半類似博物館中的青銅古鏡，只能引起念舊的幽思，卻不能作為民族認同的基礎。

　　如前所述，章太炎正是以近代中國人不習「歷史」——即傳統的失落——來解釋國無重心的現象。民初「一國無長可依賴之人」局面的形成，即因略有所成之人皆「不習歷史，胸襟淺陋」，故其得勢就像「無源之水，得盛雨為潢潦」，自然不能持久。[21] 也就是說，國無

---

和女兒在北京期間以演講和人格感化，才搞清楚真正「新」的外國人其實並不如此。《胡適日記全編》（曹伯言整理，合肥：安徽教育出版社，2001年），1921年6月30日，第3冊，344頁。

19 嚴復致熊純如，1916年9月20日，《嚴復集》，北京：中華書局，1986年，第3冊，648頁。

20 錢穆：《中國思想史》，香港：新亞書院，1962年，165頁。

21 章太炎：《救學弊論》，《華國月刊》，1卷12期（1924年8月15日），1（文頁）。

重心的原因，正在於得勢的風雲人物已不能把握中國文化傳統。

另一方面，這一比喻也提示了社會變動與思想權勢轉移的互動關係。清季民初社會政治都呈亂象，所以「盛雨」頻仍，「暴起一時」的人物確實不少。盛雨之下能否成潢潦，有時也不完全因個人的胸襟學養。太炎自己的「歷史」知識，當世或不作第二人想，但也只在清末革命時「暴起」，民國建立後幾年間，就不但沒有成潢潦的跡象，反已有過時之虞。章氏在民國後的思想界，基本處於較邊緣的地位，在政界就更不必說了。儘管他自認長於論政，其涉應世變，亦一向「專恃歷史之力」；且其對於民國時局，更經常「苦心直言」，唯聽者卻「多不見信」。[22]

唐德剛先生曾說，思想家的「思想」一定要與現實的社會變動相配合，要主觀客觀「裡應外合」，才能產生大的影響。[23] 但以「歷史」知識武裝起來的太炎思想，那時似乎就與當下的社會變動和社會思潮「裡應外合」不起來。可知章氏所說的「歷史」，要大家都習才行。曾國藩、張之洞的時代，全國大多數士人都還未失其「故」，所以他們尚能佔據中心。入民國，則全社會絕大多數人都已不習「歷史」，即使如太炎等少數人習之，也不能形成今人所說的全國性思想言說（discourse）。少數人所習的「歷史」不為大家所接受，自然不能佔據那空虛的中間主幹之位。余家菊稍後觀察到：

> 全國是非淆亂，大小顛倒。只有勢力上的趨炎附勢，沒有真值上的佩服欽仰。得勢則劇盜可以受萬眾底膜拜，失勢則黨魁不免為黨徒所笑罵。中國十年之亂，非由於武人跋扈，非由於政客播唆，乃由於無一能領袖群倫之人；非真由於無人能領袖群

---

22 章太炎：《對重慶學界的演說》，《章太炎講演集》，74頁。

23 唐德剛：《胡適雜憶》，北京：華文出版社，1990年，79頁。

倫，實由於群倫不肯為人所能領袖。彼此年齡相似，勢力相似，德望相似，於是不肯相下、群雄不並立的現象，大之如一國底政治中心，小之如一校底學生集會，無不皆然。[24]

在政治方面，社會學教授許仕廉到一九二六年也有類似的觀感，以為「目下中國心理的環境，最為悲慘，其原因就是無英雄可崇拜。現在一般大頭目小頭目，誰也不崇拜誰」。[25] 但余家菊的觀察更為深刻，即在無人能領袖群倫的表面現象下，隱伏著政治、思想、學術等全方位的典範轉移——由於全社會都不習章太炎所說的「歷史」，即使有各方面的人才，「群倫」也不肯為人所引領。

而全社會都不習「歷史」的現象，無論有意無意，均體現出一種思想權勢的轉移。張之洞曾說：「世運之明晦、人才之盛衰，其表在政，其裡在學。」[26] 中國關於政治與學術關係的傳統觀念，這是一個典型的表述。由此看去，思想權勢的轉移不但是民初國無重心這一整體現象的一個重要組成部分，而且是造成這一現象的主要原因之一。但思想權勢轉移本身，又與社會權勢的轉移相關聯。世運明晦、人才盛衰所反映的，正是社會的變遷。

中國人既然六七十年來一直在「尋求建立一個社會重心而終不可得」，說明中國的社會重心是到近代才沒有的。章太炎對中國失去重心的解釋雖頗為深刻，仍只見到問題的一面，不能完全解釋這一失去重心的現象，還須從其它方面去認識。前引胡適對近代中國一事無成

---

24 余家菊：《國慶日之教育》（1923年），收入他與李璜合著的《國家主義的教育》，臺北：冬青出版社，1974年再版，93頁。

25 許仕廉：《再論武力統一》，《晨報副刊》，1926年5月11日，7版。

26 張之洞：《勸學篇・序》，《張文襄公全集》，北京：中國書店，1990年影印本，第4冊，545頁。

的解釋，雖不那麼妥帖，卻已提示了新的詮釋途徑，即從社會方面探索思想和政治演變的原因。這個問題近年由余師英時做出了進一步的解答，其中一個根本原因，就是從傳統的士到現代的知識人的社會大轉變。[27]

## 二　社會權勢轉移：從士到知識人

過去中國的社會重心，正是處於社會結構中心地位而居四民之首的士。由於有此重心的存在，歷代由邊緣人打天下後便能轉換到「陛下與士大夫共治天下」的局面。思想權勢的轉移作用於社會，就產生了廢科舉興學堂等教育改革。其社會學意義就是從根本上切斷了「士大夫」的社會來源，使士的存在成為一個歷史範疇。新教育制度培養出的只有在社會上「自由浮動」的現代知識人。士的逐漸消失和知識人社群的出現是中國近代社會區別於傳統社會的最主要特徵之一。

清季從改科考到廢科舉，取士的標準有一個變化的過程。十九世紀最後一二十年間，科舉取士的標準，已是鼓勵新舊學兼通。汪康年於光緒十五（1889）年應鄉試，以第三藝作騷體，不合科場程序，依舊例應不取；卻因在次題《日月星辰系焉》中，能「以吸力解『系』字，羅列最新天文家言」，被主考官認為「新舊學均有根柢」，欲以首名取，終因犯規而以第六名中式。科場程序尚不熟，竟能以高名取，可知實以「新學」中式。[28] 這雖然只是一例，但民國新人物中有功名

---

27 參見Ying-shih Yu, "The Radicalization of China in the Twentieth Century," Daedalus, 122: 2 (Spring 1993), pp. 125-50; 余英時：《中國知識分子的邊緣化》，《二十一世紀》，第6期（1991年8月）。

28 參見汪詒年纂輯：《汪穰卿先生傳記》，收在章伯鋒、顧亞主編：《近代稗海》，第12輯，成都：四川人民出版社，1988年，194頁。

者實多，大抵為清季最後二十年間中式者，頗發人深省。同時，中國腹地的讀書人，已可能因買不到「新學」書籍而競爭不過口岸的士子。[29] 其結果，在趨新大潮的衝擊下，科舉考試已可能憑機遇而不是作文的本事，考試的公平性和所選出之人的代表性均已不及以往。

這樣，清季最後十年的科舉考試產生出來的近代中國最後一代社會學意義上的士，在思想上和心態上恐怕已與傳統的士大不一樣；反之，這一代士人與中國最早一代的知識人，其社會存在雖有根本的不同，在思想和心態方面，卻每有相近之處。從這個意義上看，清季民初之時，中國的社會時段和思想時段發展並不完全同步。一般人視為不兩立的新與舊，不論在社會史意義上還是在思想史意義上，或者是在兩者互動的意義上，都不是那麼截然兩分，毋寧說更多是你中有我、我中有你。[30]

從梁啟超以來，許多人常愛說近代中國士人關懷的重點有經器物到政制再到文化的階段性演變，治史者也多援用之。這大致是不錯的。但具體到個人，這樣的階段性演變或可能僅部分體現，或者全無體現，甚至可能不發生關係。生活在「政制階段」的「社會人」，其思想很可能尚在「器物階段」，或者已進到「文化階段」。陳寅恪先生自詡其思想在「湘鄉〔曾國藩〕南皮〔張之洞〕之間」，就是一個典型的例子。且中國幅員遼闊，地緣文化的因素歷來較強，近代全國各地發展尤其不平衡。京、滬和一些口岸或者已到後面的時段，內地則可能尚不同程度地處於前面的時段，或竟在兩時段之間。若必以整齊劃一的階段論去觀察詮釋問題，恐怕有適得其反之虞。[31]

---

29 參見劉大鵬：《退想齋日記》，喬志強整理，太原：山西人民出版社，1990年，86、102、121頁。

30 參見羅志田：《林紓的認同危機與民初的新舊之爭》，《歷史研究》，1995年5期。

31 參見羅志田：《近代中國思想與社會發展的時空不同步現象》，《光明日報》1999年5月28日，7版。

　　據山西舉人劉大鵬的日記，新學書籍到一九〇三年在山西還不多見。山西士人到河南應試，發現那裡的「時務等書，汗牛充棟」，遂紛紛搶購，致使書商立即漲價。[32] 可見同為內地且鄰近如山西、河南，新學的傳播就很不一樣，兩地讀書人已不可同日而語。到一九一八年，馮友蘭從北大畢業回到河南開封，要宣傳響應新文化運動，辦了一個名為《心聲》的月刊。馮氏所撰的發刊詞說：該雜誌的宗旨，「在輸入外界思潮，發表良心上的主張，以期打破社會上、教育上之老套，驚醒其迷夢，指示以前途之大路，而促其進步」。[33] 以此看來，新文化運動之後的河南，讀書人的心態大約尚與清季之人相近。以開封與北京的接近，新學的傳播竟然又相去甚遠，遑論北京與山西的差距了。

　　同樣，近代中國思想時段和社會時段不同步的現象也體現在少年胡適身上。胡適在其英文本自傳中，曾特別講到他在上海讀到的《新民說》等文章「猛烈地撼動了我以為中國的古文明已經自足，除船堅炮利外勿需向尚武而唯物的西方學習這樣一種美夢」。[34] 這對了解少年胡適及其時代，都有深刻的提示性。這已是二十世紀初年，在今日一般認為在那時思想屬於「先進」的中國人心目中，張之洞的思想已不能應付時局，更不用說曾國藩的了。至少在績溪時的小胡適，其思想倒更像在「湘鄉南皮之間」的陳寅恪。

　　如果從近代思想時段和社會時段不同步的角度去觀察，則安徽績溪與上海的那一段距離所造成的思想差距，大約有二三十年即整整一代人之多。考慮到績溪所在的徽州素稱商業發達之地，而胡家自己在上海就有店鋪，信息的流通應無大妨礙，則我們對清季中國城鄉的差

---

32 劉大鵬：《退想齋日記》，121頁。

33 馮友蘭：《三松堂自序》，北京：生活・讀書・新知三聯書店，1984年，49頁。

34 參見胡適在 *Living Philosophie*s (New York: 1930，reprinting, 1942) 中的自傳條目，p. 247。

別，特別是思想、觀念、心態的差別，恐怕還應往其它方面作進一步的仔細探討。

清季興學堂之舉，就值得再作考察。清政府在改革科舉之時，已開始興辦學堂來填補科舉制的教育功用，這本是很有見識的舉措。但一種新教育體制並非一兩紙詔書在一夜間便可造成，而清季舉國都已有些急迫情緒，竟不能等待學堂制的成熟即已將科舉制廢除。舊制既去，而新制尚不能起大作用，全國教育乃成一鍋夾生飯。因學堂畢竟初創，在相當長一段時間裡許多新學堂的教育品質實際不如舊私塾。新學堂確實培養了不少「新人物」，卻未必養成了多少「新學人」。學子無學，是後來其社會地位逐漸下降的一個重要原因。

據章太炎在一八九七年的觀察，「浙中風氣未開，學堂雖設，人以兒戲視之」。[35] 以浙江靠海之近，而風氣尚未開，學堂不過被視為兒戲，餘處概況可以想見。幾年後，風氣已大開，但學堂的教育品質卻仍不高明。一九〇三年有人調查了江南的教育界，發現「仕宦中人，競言開學堂，不知學堂為何事也；地方紳士，競言開學堂，則以學堂為利藪也；士林中人，競言開學堂，只以學堂為糊口也」。雖然情況頗不如人意，但各界人士都競言開學堂，可知風氣確已大開。但講到學堂的教育，則南京、蘇州、上海等地「最著名大學堂」的情形是：「陸師學生派充師範，八股專家支持講席；以格言語錄為課本者有之，以夏楚擊碎學生首者有之。禁閱新報、禁談自由。」而「各府州縣之中小學堂以及私設之蒙學堂，則分科教授，目錄未知；官樣文章，胡盧未肖」。[36]

---

35 章太炎：《致譚獻書》（1897年4月20日），湯志鈞編：《章太炎政論選集》，北京：中華書局，1977年，上冊，15頁。

36 侯生：《哀江南》，《江蘇》，一（1903年4月），張枬、王忍之編：《辛亥革命前十年間時論選集》，卷一下，北京：生活·讀書·新知三聯書店，1960年，537頁。

　　觀此可知，上有所好，下必趨奉；詔書一下，則人人皆競言開學堂。但事前並無人才物質的充分準備，學堂也就不復為學堂（清季新學名「學堂」，本是要區別於以前各府州縣所辦的「學校」）了。不過，初雖情形不佳，既已成風氣，若假以時日，終有改善之可能。而陸師學生派充師範這一現象表明，晚清走強兵之路，其本身的成就固然有限，但各軍事學校因所學科目較新而辦學認真，遂成為清季新學人才的重要甚而是主要來源。我們只要看從嚴復到周樹人兄弟等都曾是軍校學生，就可見一斑。實際上，從「新學」角度言，陸師學生任教習是遠比八股專家更合格的。不過，軍校畢業生本身也有限，短時間內仍不符當時全國各省府州縣都競開學堂的大趨勢。

　　就以辦學堂最著力的張之洞長期管轄的兩湖地區言，同樣在一九〇三年，那裡也甚感「苦無教習」，最多只能辦不太合格的中等學堂。當地的留日學生觀察到：「今日欲聘教習，求之中國，能教英文、算學者則有之矣，能教物理、化學者則未之聞也。」如果想聘請留學生，則「留學生之卒業者，寥寥無幾。即間有一二，亦不易於招致」。若聘外國人，則「言語既苦其難通，薪俸又嫌於過重」，真是條條蛇都咬人。結果，湖南的新興學校裡，教習「無非調劑老朽之舉貢編修」。可知兩湖地區的情形與江浙基本相近。[37] 梁啟超認為這是那時全國普遍的現象。他在《新民說》中指出，當時各省雖「紛紛設學堂矣，而學堂之總辦提調，大率最工於鑽營奔競、能仰承長吏鼻息之候補人員也；學堂之教員，大率皆八股名家弋竊甲第武斷鄉曲之巨紳也」。[38]

---

37 《與同志書》，《遊學譯編》，七（1903年5月）；《勸同鄉父老遺子弟航洋遊學書》，《遊學譯編》，六（1903年4月），張枬、王忍之編：《辛亥革命前十年間時論選集》，卷一上，396、385頁。

38 梁啟超：《新民說》，《飲冰室合集・專集之四》，北京：中華書局，1989年影印，63-64頁。

當時的論者以為，以這樣的「老朽無學之人」來教書，只能誤人子弟。這一點，也值得重新探討。這裡所謂的「無學」，當然是指無西學。若以「舉貢編修、八股名家」來授西學，大約真會誤人子弟。但如果他們只傳授舊學，結果又如何呢？而且，當時留學生的西學程度，是否像一般人認知的那樣高呢？少年胡適所受教育之新與舊，很能給我們一些其所處時代的啟示。胡適在家鄉安徽績溪上莊受過九年傳統的私塾「舊教育」，轉入上海的新學堂梅溪學堂，六個星期後即因能糾正老師的「國學」錯誤而一日之中跳升了四班。後來到更有名的澄衷學堂，一年中仍能跳升四班。[39]

胡適的經歷提示我們對當時的教育恐怕要重新認識。首先是上海新學堂的國文不如績溪上莊的私塾。胡適除了在中國公學時外，一向是以國文佔優勢的。但他的「國學」，在那時其實並不很高明。他對「經義」，起初就根本不知是怎麼回事。對國學的重要組成部分「小學」，他的工夫也較差。胡適後來說：「我在家鄉時，《十三經》還沒有讀完，《周禮》也未讀，就到上海去了。所以對小學的工夫不深。」[40] 但這樣的胡適在上海卻一向以國文吃香，可知那時十里洋場的國文已大衰。

但上海學堂的「新學」水準，則還是相當不錯的。胡適因為國文的優勢，所以在上海期間得以把主要的功夫下在英文算學上。不過兩年後，胡適考入留日學生自辦的中國公學，同學皆為因抗議而返國的留日學生。該校號稱「中國第一所私立大學」，但胡適在學校裡竟然以英文好著名，算學也「毫不費力」，反而將功夫用在學做舊詩和寫白話文章之上。可知那時許多留學生，也只是徒有虛名而已。至少從

---

39 本段及下兩段，參見羅志田：《「率性」與「作聖」：少年胡適受學經歷與胡適其人》，《四川大學學報》，1995年3期。

40 唐德剛譯注：《胡適口述自傳》，上海：華東師範大學出版社，1993年，38頁。

日本回來的留學生，在「新學」方面的知識水準，實際遠不如上海有些私立中學校的學生。而這些留學生恰多是在各地新學堂受過訓練的。可知同為新學堂，其間的差距有時可以相當大。

實際上，可以說正是清末的城鄉差別，特別是安徽鄉間私塾尚未沾染口岸風氣的傳統蒙學教育，造就了後來被認為是啟蒙大師的胡適。生在上海，比胡適大三歲的顧維鈞，在讀完僅教識字的私塾後，便直接進入教會學校，以後的教育是越來越西化，結果到晚年還必須強調自己的中文可以寫得「通順」。[41] 其實別人也曾說過顧氏的中文好，但一般人之所以有他中文不好的認知，正是因為其它許多從小受西化教育的人有此通病。生在北京，比胡適小兩歲的梁漱溟，則是在讀完《三字經》後就讀新派的《地球韻言》，然後進了北京第一家新學堂——中西小學堂。梁漱溟的父親梁濟，後來是殉清的，從根本上只能歸入「保守」一路，不好算作十分趨新者。他的家庭教育尚且如此，其餘可以想見。[42]

可見，在西潮入侵之後中國許多口岸地方，傳統的教育方式已大大式微，其一個後果就是傳統教育最講究的「讀書寫字」的基本功已較前薄弱。那種眼睛盯著少數不世出的菁英分子的中國傳統教育，只有在與口岸沒有怎麼「接軌」的鄉間還基本存在。而胡適正靠著這點「國文」的訓練，在那「邯鄲學步，反失其故」的上海新學堂，打出了自己的天下；初步樹立了他這個少年鄉下人的自信。也是靠著舊學的基礎，再加上澄衷學堂的英文訓練，胡適就能擊敗全國各地的許多學子，一舉步入了庚款留學生這一真正全國性的少數菁英群體。

而胡適的經歷也體現了近代中國上升性社會變動取向的改變。在四民社會中，士大夫已成一個固定片語；由於士是「大夫」即官吏的

---

41 顧維鈞：《顧維鈞回憶錄》，第1冊，北京：中華書局，1983年，521、109頁。
42 梁漱溟：《憶往談舊錄》，北京：中國文史出版社，1987年，5-6頁。

基本社會來源，道統與政統是一體的。人的上升性社會變動雖然可以有其它的途徑和選擇，從士到大夫仍是最受推崇和欣賞的取向。換言之，士與大夫的幾乎等同的內在邏輯關聯，恐怕是其最主要的社會吸引力。科舉制廢除後，道統與政統已兩分，這就改變了人的上升性社會變動的取向。同時，前述思想上之「新的崇拜」作用於社會，其直接影響就是上升性社會變動漸漸也幾乎到了唯新是尚的地步。

早期留學生，多邊緣人物而少「良家子弟」。到科舉改革之時，留學已成學子的眾矢之的。嚴復在一九〇二年觀察到：「近今海內，年在三十上下，於舊學根柢磐深，文才茂美，而有憤悱之意，欲考西國新學者，其人甚多。上自詞林部曹，下逮舉貢，往往而遇。」[43] 以個人論，嚴復心中頗以沒有真正的科舉功名而不能自安，此話或未必沒有暗示自己舊學根柢磐深而文才茂美之意。但留學確漸為士人所趨。民國著名報人黃遠庸就是在那兩年以進士積曫留學日本，他的確也是當得起「舊學根柢磐深而文才茂美」之譽的。而夏同龢、駱成驤和劉春霖等狀元先後留學日本，更具象徵意義。[44]

入民國後，「以官費留學為賞功之具」（許多人願領此賞，最說明問題）。胡適在美國讀書時，「留學界官費者居十之六七」。他在一九一四年寫的《非留學篇》裡說，「今日最大之隱患」，在「國中有名諸校，都重西文，用西文教授科學」。而「國內學生，心目中唯以留學為最高目的」。他們「以為科舉已廢，進取仕祿之階，唯留學為最捷」。[45]

---

43 嚴復：《論教育書》，《外交報》（1902年），張枬、王忍之編：《辛亥革命前十年間時論選集》，卷一上，113頁。

44 胡思敬就把「夏同龢之剪辮出洋遊學」視為翰林失聲價之極。參見胡思敬：《退廬全集・審國病書》，臺北：文海出版社，1970年影印（沈雲龍主編，《近代中國史料叢刊》第45輯），1305-1306頁。

45 胡適：《非留學篇》（1914年），《胡適早年文存》，周質平主編，臺北：遠流出版公司，1995年，366、354頁；

胡適所說的國內學生，部分也是以自己的經歷為底子的。他自己在赴北京考試之前給母親的信中就曾說，「現在時勢，科舉既停，上進之階惟有出洋留學一途」。這「惟有」之一途，就是胡適選定之路。的確，那時一旦得一本科學位歸，即被「尊之如帝天」。[46] 學子既以「進取」為目的，則讀書唯求速成，都想早得文憑，回國任事。寫《非留學篇》時的胡適對此頗不以為然，但世風之變，卻是極明顯的。

　　教育改革引起近代中國社會結構的一大轉變，是四民之首的「士」這一舊的社會群體的逐漸消失，以及在社會上自由浮動的「知識人」這一新的社會群體的出現。「士」的消失意味著四民社會已成為歷史（四民社會的解體自然還有許多其它原因，比如新型的金融業、工商業等的出現，以及由此帶來的城市與鄉村的疏離等，都是很重要的因素）。同時，四民社會的解體本身，也是現代知識人不得不在社會上自由浮動的造因之一。兩者之間是一種互為因果並且互動的關係。

　　士的來源既因社會變遷而中絕，其在社會上的領導作用也就空出。傳統的士大夫作為四民之首這一社會角色的一個含義就是士也是其它三民的楷模，分配給大眾的社會角色是追隨；而榜樣與追隨者之間，仍保持著有機的聯繫。社會分工既然確定，雙方都不存在要辨明地位高下的必要。但隨著四民社會的解體和新觀念的引入，傳統的社會分工遭到質疑，過去認為不言而喻的事情現在卻需要論證了。林白水在一九○四年指出：「現在中國的讀書人，都是以上流社會自命的；凡不讀書的人，如工農商兵，共會黨裡面的人，都說他是下流社會。這種意見，並不是從現在才有的，但既然有了這意見，群力的團

---

46 胡適致母，1910年6月30日，《安徽史學》，1989年1期，75頁。

結，自然不能夠堅固了。」[47] 以是否讀書分上下流，且必須加以強調，正是社會變動的表徵。而「讀書人」又是過渡時代的士、知識人、及邊緣知識青年的共同點。

近代知識人和邊緣知識人的產生及其自覺意識的萌芽，幾乎是同時的。早期的學校和學生的程度都相差甚遠，同一學校的學生有時已不可同日而語，異地異校的學生更不能一概而論。這樣，由於或主觀或客觀的原因，有的人繼續深造，乃成為知識人；有的人不願或無緣長期受教，便成為邊緣知識人。同時，在近代中國的特殊語境中，有一些正在受教育過程中的知識青年，其最後是否會成為知識人尚屬未定，但又已參與社會事務的討論，本文在技術處理上將其未受完系統教育時的言論均納入邊緣知識人的範疇；對那些繼續深造者，則將其已受完系統教育時的言論納入知識人的範疇。

大約從一九〇三年起，近代知識人和邊緣知識人的自覺意識已萌芽。那年一月《湖北學生界》雜誌的創刊，就頗有些象徵意義。從該雜誌的內容看，裡面的「學生」顯然已不是清代科舉中人的謙稱，而是一個開始獨立的有自覺意識的社會群體。特別是該刊第二期發表的李書城寫的《學生之競爭》一文，就很能反映新興知識人（含邊緣者）要主動異化出「士」這一讀書人群體的自覺意識。李氏將學生列為一個單獨的社群，居於由士大夫組成的上等社會和基本不識字的下等社會之間。並明確指出上等社會已崩潰決裂而不能救國，只能「待繼起者收拾之」。下等社會則因不知祖國歷史地理而使愛國之心無由產生。「學生介於上等社會、下等社會之間，為過渡最不可少之人。」不但要肩負起救國重任，而且要為「下等社會之指向針」。[48]

---

47 林懈〔獬〕：《論合群》，《中國白話報》，1904年，張枬、王忍之編：《辛亥革命前十年間時論選集》，卷一下，909頁。

48 本段與下段，李書城：《學生之競爭》，《湖北學生界》，二（1903年2月），張枬、王忍之編：《辛亥革命前十年間時論選集》，卷一上，452-459頁。

　　當然，這裡的學生，主要還是指學問的載體。在某種程度上甚至也可看作尚未成為「大夫」的「士」要與「大夫」決裂之意，隱約可見道統與治統分離所造成的困惑。其基本的出發點，雖然仍是士的以天下為己任的傳統精神，卻並不認同於傳統的士，既不以士自居，也不自詡為道統的載體。李書城不僅強調「重哉學生之位置」，而且提出學生應先注目與「內界之競爭」：一是「權利之爭」，即爭參政議政之權利；二是「勢力之爭」，要爭在國是上的影響力。總之處處呈現一種過渡與萌芽的特徵，但獨立與疏離的傾向是明顯的。

　　留美學生許肇南，就曾主張一國命脈在中等社會。胡適有詩記許氏的觀念說：「諸公肉食等狐鼠，吾曹少年國之主。……願集志力相夾輔，誓為宗國去陳腐。」[49] 留學生當然不是邊緣知識人，而已進入真正的「中等社會」。但同在中等社會之中，肉食的「諸公」與「吾曹少年」顯然是兩個社群；而後者也已將前者視為「陳腐」，要誓為宗國去之。這裡也同樣呈現出一種過渡與獨立的傾向。正像許多晚清士人反清是因為清廷不能救國一樣，新興的學生社群之所以要主動從士大夫中異化出來，也是因為他們認為士大夫已不能承擔救國的使命。

　　與此同時，中國傳統中的反智傾向也得到某種程度的「現代復興」。梁啟超在《新民說》中點名攻擊讀書人說：「謂其導民以知識耶？吾見讀書人多而國民愚也。謂其誨民以道德耶？吾見讀書人多而俗日偷也。」這些人「事無廉恥而嗜飲食，讀書人實一種寄生蟲也。在民為蠹，在國為虱」。[50]

　　梁氏的觀念很得另一個讀書人林白水的同感。林氏在一九〇三年說：「我們中國最不中用的是讀書人。那般讀書人，不要說沒有宗旨、沒有才幹、沒有學問，就是宗旨、才幹、學問件件都好，也不過

---

49　《胡適日記全編》，1914年8月14日，第1冊，418-419頁。
50　梁啟超：《新民說》，《飲冰室合集・專集之四》，89-90頁。

嘴裡頭說一兩句空話，筆底下寫一兩篇空文，還能夠幹什麼大事呢？」林氏特別指出，以前的讀書人也還是有用的，「但是現在的讀書人比不得從前」了。次年又說：「你道這意見是我一個人的意見麼？大家是國民，便大家都有這一番的意見，我白話道人不過替你們大家發表發表罷了。」以前的士人是代聖人立言，現在林氏要代國民立言。立場一移，他就理直氣壯地代為斷言說：「現在中國的讀書人沒有什麼可望了。」[51] 讀書人在「現在」的無用，提示著傳統的士人不能因應新的形勢。

到一九一五年北京政府被迫接受日本「二十一條」的大部後，梁啟超重申他對中國讀書人的譴責說，「今日國事敗壞之大原」，即種因於士大夫之惡劣。因為蠹國之官僚、病國之黨人，皆士大夫也。「勸老百姓愛國者，士大夫也；而視國家之危難漠然無動與中者，即此士大夫也；利用老百姓之愛國以自為進身之徑謀食資者，亦即此士大夫也。」不過，梁氏主要是自責，他仍以為「一國之命運，其樞紐全繫於士大夫」。所以，「欲國恥之一灑，其在我輩之自新。我輩革面，然後國事有所寄」。[52] 這已是民國初年，梁啟超以天下為己任的思想，的確是士大夫的傳統觀念；但他所說的「士大夫」，恐怕已更多是「讀書人」的同義詞。

從士轉化為知識人那一兩代人，在身分轉換時確有某種困境。當讀書人的主體已是知識人之時，上一代的「遺士」有時也不免為知識人的社會角色所覆蓋。反過來，早期知識人的心態和行為上，又處處可見士的餘蔭。

---

51 林懈〔獬〕：《發刊詞》，《中國白話報》，1903年12月19日；《國民意見書・序論》，《中國白話報》，1904年2月，張枬、王忍之編：《辛亥革命前十年間時論選集》，卷一下，603-605、894頁。

52 梁啟超：《痛定罪言》，《飲冰室合集・文集之三十三》，1-9頁。

　　知識人與傳統的士的一大區別，即前者已不再是四民之首。在四民社會中，士大夫一身而兼「道統」和「治統」的重心，集議政與參政於一身。四民之首的最重要含義，就是士與其它三民的有機聯繫，以及士代表其它三民參政以「通上下」。科舉制正是士與其它三民保持有機聯繫的最重要渠道。故像曾國藩這樣的士人不論居廟堂還是處江湖，都可久居主幹之位。今既被廢除，道統和治統已基本疏離，新學制產生出的現代知識人既然在社會「自由浮動」，大部分人只想議政不欲參政，通常也只能議政而不能參政。一小部分人乾脆走進了象牙塔，疏離於大眾亦即農工商三民。知識人與大眾的疏離及道治二統之分，正是歷史知識決不遜於曾國藩、張之洞的章太炎就連在道統中也不能久居「中間主幹之位」的根本原因。

　　近現代知識人的觀念與傳統的士有同有異。他們大體上認同於士的社會角色，或者說繼承了士的社會責任。傳統的士的責任是務本，所以他們必須要有遠慮。這一點，民初知識人也力圖繼承之。但有一個大的區別：士集道統與政統於一身，對於眼前的國是，必須有以因應。也就是說，士要直接參政。而知識人則相對要超然一些，多數是像胡適一樣傾向於「講學覆議政」，把直接參政置於第二位；但也有人試圖將學術與政治分開，在象牙塔中不問世事。故他們對政治可議而不參，也可視而不見、完全不議。前者是新文化運動諸人所一意提倡，後者雖被魯迅視為是「新思想中了『老法子』的計」，但確實是五四之後幾年間許多知識人「自己願意」的。[53]

　　實際上，民初不論社會區分上的士與知識人還是思想區分上的新派與舊派，其思考的問題是非常接近的。像章太炎和梁啟超那樣最後

---

53　魯迅：《致徐炳昶》（1925年3月29日），《魯迅全集》（3），北京：人民文學出版社，1981年，25頁。

一代的士，早年處於思不出其位的時代，所謂「不在其位，不謀其政」，那時的議政就是參政。他們晚年都基本以講學研究為主，看上去很像知識人。實際上，他們與傳統士人一樣，是參政不成之後才做學問。但社會既然已大變，他們到底也只能是議得多而參得少。不過，其要想參政的傳統情結一直都在，且「出仕」的願望到老並不稍減。故其並不專意於學術，一有機會，總是又議政又參政。北伐之時，久已不談政治的章、梁二氏都突然異常活躍，不僅大發政論，更或直接或間接奔走於各勢力之間，只是到後來發現其想認同的北方已無希望，才漸漸歇手。

梁啟超在一九二七年五月給他兒女的一封信，頗能表現過渡時期士與知識人心態的異同。他自稱那時「天天在內心交戰苦痛中」。不少朋友敦促他出山組黨，而他又討厭政黨生活。「既做政黨，便有許多不願見的人也要見，不願做的事也要做，這種日子我實在過不了。若完全旁觀畏難躲懶，自己對於國家良心上實在過不去。」梁氏最後擬取妥協的辦法，即對政治議而不參。可是新一代的讀書人丁文江，卻主張梁「全不談政治」，專做學問。他又覺得「這樣實在對不起我的良心」。[54]

丁文江所說，其實只是他對梁啟超在學術上發展的一種希望，因為丁氏自己就已直接參政。胡適晚年自述說：「我對政治始終採取了我自己所說的不感興趣的興趣。我認為這種興趣是一個知識人對社會應有的責任。」[55]這才是身歷從士到知識人過渡的當事人對兩者間區別的最清楚表述。

簡言之，清季民初讀書人從士到知識人的轉化，在社會學意義上

---

54 梁啟超：《給孩子們的信》（1927年5月5日），收在丁文江、趙豐田編，《梁啟超年譜長編》，上海：上海人民出版社，1983年，1130頁。

55 唐德剛譯注：《胡適口述自傳》，36頁。

似乎比其心態的轉變要來得徹底。士與知識人在社會學意義上似已截然兩分，在思想上卻仍蟬聯而未斷離。民初的知識人雖然有意識要起新的社會作用，扮演新型的社會角色，其心態卻在無意識中仍傳承了士以天下為己任的精神及其對國是的當下關懷。身已新而心尚舊（有意識要新而無意識仍舊），故與其所處之時代有意無意間總是保持一種若即若離的狀態。這是民初知識人的許多行為在今人看來充滿「矛盾」的一個主要原因，也是其不全為時人所理解接受的一個根本因素。

作為一個在社會上自由浮動的社群，知識人可以與其它各社群都有所關聯，但其浮動性本身在某種程度上也意味著與其它社群的疏離。而疏離的結果就是自身的邊緣化。

## 三　社會權勢再轉移：知識人的邊緣化與邊緣知識青年的興起

可以說，知識人有意無意間也對其自身的邊緣化作出了「貢獻」。在尊西崇新的過程中，當知識人將傳統學問的載體「士」擠到了社會的邊緣時，他們實際上促成了整個讀書人的邊緣化。如果說在整個社會體系中存在著讀書人的邊緣化的話，在讀書人群體之中還有很不一樣的兩個社群：一是更加邊緣化的遺存之「士」，一是正在興起的邊緣知識人。現代知識人比士當然要新，新興知識人與遺留的士兩者之間如果出現競爭，通常是前者取勝。但在整個社會的地位，近現代社會中知識人卻明顯不如當年的士了。士為四民之首意味著士在社會上扮演領導角色，四民社會解體後，知識人因其浮動性和邊緣化，卻未能完全接替這一社會的領導角色，於是出現中間主幹之位空虛的現象。

　　同樣，科舉制的社會功用並不止於教育。它在整個傳統中國社會結構中起著重要的聯繫和中介作用。但是，清季人在改革和廢除科舉制時基本只考慮到其教育功用並試圖加以彌補。科舉制的其它社會功用，有些是非常重要的，基本不在時人考慮之中，自然也談不上填補，但其社會後果卻是長遠的。

　　中國歷史上科舉考試最高一層即在京城，同時更於京師設大學、太學、國子監、翰林院等，並集中了相當數量的職業「言官」。這些制度，在不同程度上起著思想的社會聚合作用。結果使京師不僅為政治中心，同樣也是全國性的思想言說中心，士人的思想多以京師為依歸。龔自珍以為，京師的重要，很大程度上即在其能聚集古今典籍，供天下有心人觀覽，故此遊士雲集，人文薈萃。換言之，京師的地位，正在其能為天下思想中心並能吸引天下有識之士。[56]

　　在龔生眼裡，帝王和士人間顯然有一種既對立又統一的「辯證」互動關係。雙方既相互依託，又實存競爭。由於士人是「四民之聰明喜議論者也。身心閒暇，飽暖無為，則留心古今而好議論。」故對「人主之舉動措置，一代之所以為號令者，俱大不便」。所以，歷代帝王在京師廣置樂籍，也是為了以聲色「箝塞天下之游士」。[57]但帝王需要集多士於京師參政議政是很明顯的。唐太宗謂天下英雄盡入彀中，其實也不無此意。到京師不能為思想言說中心，即政治中心與言說中心兩分時，多半已是亂世而非治世。

　　明清鼎革，滿人以異族入主中原，士人或不仕二朝，或不仕「夷

---

56　龔自珍：《太史公書副在京師說》，《龔自珍全集》，王佩諍校，上海：上海古籍出版社，1975年，82頁。

57　龔自珍：《京師樂籍說》，《龔自珍全集》，117-118頁。按龔生這裡對士人的界說，與熊彼得在四十年代給知識分子下的定義，有異曲同工之妙。參見熊彼得：《資本主義、社會主義和民主主義》，中譯本，北京：商務印書館，1979年，183-185頁。

狄」，多散居山林。幾代人後滿漢意識漸淡，京師乃復為思想言說中心。太平天國起，政治權勢從中央往地方傾移，封疆重臣的幕僚集團已有形成言說重鎮之勢。洋務運動起而新學興，新學的中心卻在東南，京師已漸失競爭能力。戊戌變法時京師一度有成思想中心之勢，但轉瞬星散。庚子義和團事發，京津士人四出避亂，而新老趨時名士多集中於上海，隱然成一新言論重心。雖然為時不長，且各方意見很不統一，但也成為不少新人藉以成名的機緣。故梁啟超的文章方風行於海內外，而章炳麟、蔡元培、吳稚暉等言論界新人已露頭角。江南言論重心由兩廣而湖湘而江浙，雖半由偶然，卻不可忽視。到科舉廢而新舊攻守之勢異，言論中心更隨之而轉。

　　汪康年在廢科舉後的一九〇七年指出：「政府者宜多方羅致，使四方有懷欲陳者悉趨而麋聚於京師而上之於朝廷，使全國人心皆以京師為依歸，而朝廷亦得聽採之益。……今使四方之奇人傑士，未欲至京師而散處於山巔水涯，或遠適異國，而各為其所欲為，如是則京師謂之空無人焉可也。不特此也，奇人傑士之蹤跡，不向於京師則必背於京師。蹤跡之向背，即心跡向背之符也。」汪氏可謂深得思想與社會互動之機。他觀察到：「今士至都者，不為官則為學堂教習，否則以考試，無他目的也。」蓋朝廷「若以富貴為招，則來者皆志在祿糈，而於國家無與」。他提出的解決辦法是：「令靜整宏達之士，以報館之名，使首建議論於都中而布之四方。使都城與各省互相開引，而妄謬欺蠹之官吏，亦有所憚而不敢肆。以士招則士至，以言招則言至。士至言至，則天下之人心皆至。如是則朝廷之勢不孤，而國事亦有所倚矣。」[58]

---

58 汪康年：《論朝廷宜激勵國民多設報館於京師》，原刊《京報》，收在《汪穰卿先生傳記》，章伯鋒、顧亞主編：《近代稗海》，第12輯，260-261頁。

　　清季學制既改，士的社會來源斷絕，養士的翰林院已不復能起思想的社會聚合作用，而新辦的京師大學堂也未能集中人才。恰如汪康年所言，京師既不能為思想言說中心，又不能與各省互相開引，則清廷勢益孤，垮臺是早遲的事。在道治二統兩分的情勢下，民國後蔡元培主北大，頗能在北京重建全國思想言說中心。這部分是因為趨新已成全國風向，東南之新學優勢頓失；留學生欲為官任教者，齊聚京師，北京儼然再成中心。但因北京政治及教育皆不能保持穩定，不僅未能形成真正的全國性政治中心，且言論中心也於數年間聚而復散。北伐前後知識人紛紛南下，卻也未能在南方形成全國性的思想言說中心，中國言論中心自此不存。[59]

　　中間主幹之位既虛，遂給邊緣人造成機會。同時，由於科舉制廢除而新的職業官僚養成體制缺乏，使政統的常規社會來源枯竭，原處邊緣的各新興社群開始逐漸進據政統。近代軍人、職業革命家和工商業者等新興權勢社群因「市場規律」的需求而崛起，是知識人在中國社會中處於一種日益邊緣化的境地的又一重要原因。

　　科舉制廢除所造成道治二統兩分的直接結果，就是其載體士與大夫的分離。清季所設學堂，最初不過是要養成新型的「大夫」以應付新的局勢。特別是京師大學堂，入學者本是官員，在功能上亦無非新型翰林院也。且清季士人心態已變，張百熙為管學大臣時就主張讀書不為做官。他在一九〇四年對新進士金梁說：「京師人才所萃，來者皆志在得官，君當以求學問為先。官豈可求，唯學問必求而始得爾。」[60] 可知彼時不僅政治中心與言說中心兩分，而主事者竟然以為

---

59 參見羅志田《南北新舊與北伐成功的再詮釋》，《新史學》（臺北），5卷1期（1994年3月）。

60 金梁：《光宣小記》，章伯鋒、顧亞主編：《近代稗海》，第11輯，成都：四川人民出版社，1988年，286頁。

分開才是正常，士人觀念已大轉。民國後學生已平民化，蔡元培長校後更要驅除「科舉時代思想」，提出「大學為純粹研究學問之機關，不可視為養成資格之所」。[61]

　　但問題的另一方面是，科舉已去，官吏不復要求資格。若大學僅為學術研究之機關，而不再是官吏養成之地，則有良好訓練的官吏又從何而來？民國政府及彼時知識人，顯然未能認真考慮此一重大問題。民國官場之濫，即從為官不要求資格始。國無重心，亦因官場之濫而強化。科舉之時，士是大夫的來源，大夫也是士的正當職業。如今士與大夫分離，前者變成主要議政而不參政的職業知識人，則勢必出現新的職業「大夫」即職業官吏。

　　但大夫既然不從士來，又並無新的官吏養成體制，傳統的官吏生成方式即只剩「出將入相」一途。軍人在近代中國的興起，似乎已成必然之勢。「民國成立，軍焰熏天」，便是時代的寫照。[62] 有人曾與民國報人王新命談起他選女婿的標準，要「三十歲以下，又成名又成業者，且非軍人」。王氏回答說：「在科舉已廢的今天，三十歲以下能夠成名成業的非軍人，實不可多得。」[63] 正是典型的時代認知。

　　不過，「出將入相」終非正途，且將也並非都能相。在中國的傳統選舉制度已去，而又沒有真正引進西方的選舉制度時，新的大夫漸漸只能如梁啟超所說，多從不事生產的社群中來。在革命已成近代中國的伴生物的時代，也就出現了像孫中山那樣的職業革命家這一新的社群。王新命的話，其實也不無士大夫意識的殘存。不論是有意還是

61 蔡元培：《北大一九一八年開學式演說詞》（1918年9月20日），高平叔編：《蔡元培全集》（3），北京：中華書局，1984年，191頁。
62 沃邱仲子（費行簡）：《民國十年官僚腐敗史》，榮孟源、章伯鋒主編：《近代稗海》，第8輯，成都：四川人民出版社，1987年，17頁。
63 王新命：《新聞圈裡四十年》，臺北：海天出版社，1957年，136頁。

無意，他顯然忽略了近代從邊緣走向中央的另一大社群——工商業者，特別是近代漸具獨立積纍認同的紳商。[64] 不管知識人主觀上是否有與這些新興社群爭奪社會權勢的願望，它們的興起在客觀上促進了知識人的邊緣化。

教育制度改革的另一個影響深遠的社會後果，即是中國的城鄉漸呈分離之勢。傳統士人是以耕讀為標榜的，多數人是在鄉間讀書，然後到城市為官。舊制即使讀書做官，或候缺或丁憂或告老，讀書人多半要還鄉。這當然不止是人員的流通，它還意味著信息、資金等多管道的流通。更重要的是，它使整個社會處於一種循環的流動之中。新制則大學畢業基本在城市求職定居，甚至死後也安葬在城市，不像以前一樣要落葉歸根。整個社會的循環流動在相當大程度上中止了。

這個問題在很長時間內並未得到時人的重視，也沒有產生出什麼因應的措施。所以到民國後，章太炎指出：「自教育界發起智識階級名稱以後，隱然有城市鄉村之分。」所謂「智識階級」，其實就是教育制度改革的產物。太炎更敏銳地認識到，由於「城市自居於智識階級地位，輕視鄉村」，就產生了城鄉「文化之中梗」。[65] 民初的知識人學洋人提出「到民間去」的口號，正是城鄉分離的明證。

而教育改革、特別是科舉制的廢除，也是大量邊緣知識人出現的一個直接原因。在科舉之時，讀書人「向學」之心從少到老不疲，清代便有百歲童生的盛舉。但新學堂收生則有年齡限制。起初雖不乏二十歲上下的中小學生，但過三十者即極少見，以後入學年齡限制更越

---

64 從社會史或社會學取向來研究職業革命家者，我尚未見到，其實也是大可開拓的領域。關於紳商，參見馬敏：《官商之間：社會劇變中的近代紳商》，天津：天津人民出版社，1995年。

65 章太炎：《在長沙晨光學校演說》（1925年10月），轉引自湯志鈞編：《章太炎年譜長編》，北京：中華書局，1979年，下冊，823頁。

來越嚴。換言之，科舉制廢除的當時，就斷絕了已成年而尚未「進學」的大量讀書人成為士的可能。再以後，任何讀書人到了一定年齡，若還未跨入知識人階層，就已不再有希望。而從清季起直到今天，中國高等教育機構的容量與同時期中等教育的畢業生相比，一直相對微小。從這個視角看，近代教育的開放性是不及以往的。在傳統的讀書做官心態影響甚大（意味著大量的人要走讀書之路），而高等教育機構的容量又尚小的情形之下，勢必產生大量的邊緣知識人。

近代中國特別是民國初年的各邊緣人集團中，介於上層讀書人和不識字者之間的邊緣知識人是最值得注意而迄今尚未得到足夠注意者。他們不中不西，不新不舊，中學、西學、新學、舊學的訓練都不夠系統，但又初通文墨，能讀報紙；因科舉的廢除已不能居鄉村走耕讀仕進之路，在城市又缺乏「上進」甚至謀生的本領：既不能為桐城之文、同光之詩而為遺老所容納，又不會做「八行書」以進入衙門或做漂亮駢文以為軍閥起草通電，更無資本和學力去修習西人的「蟹行文字」從而進入留學菁英群體，但其對社會承認的期望卻不比上述任何一類人差。他們身處新興的城市與衰落的鄉村以及菁英與大眾之間，兩頭不沾邊也兩頭都不能認同——實際上當然希望認同於城市和菁英一邊而不太為其所接受。

對這樣一種社會群體的界說，傳統中國的士農工商既不適用，近代西方的社會分類標準也覺勉強。過去有些學者不免將其拔高。如周策縱先生不僅將五四前後的初高中學生納入知識人的範圍，而且將第一次世界大戰時旅歐華工中的識字者也歸入知識人社群。[66] 這樣的分類，不論以中西當時和現在的標準，均覺勉強。美國學者朱丹

66 Chow Tse-tsung, *The May Fourth Movement: Intellectual Revolution in Modern China*, Cambridge, Mass., 1960, pp. 9, 38.

（Donald Jordan）也將二十世紀二〇年代的中學生列入「上層菁英」（elite）之中。[67] 自下而上看，或稍近；若自上而下看，恐難入流。但這些學者之所以不得不如此，正從一個側面凸顯了這一社會群體的邊緣特性，也提示出邊緣知識人在近代中國的重要性。

這些人對城鄉分離的情勢感觸最深。近代以還，由於上升性社會變動的途徑多在城市，邊緣知識人自然不願認同於鄉村；但其在城市謀生甚難，又無法認同於城市。他們不像魯迅那樣有固定收入可以抄碑帖排遣意緒，也不像胡適那樣可以在大學獲取有面子的高薪教職。與魯、胡一樣，他們每日目睹中國在西潮衝擊下的敗落；與魯、胡不同，他們同時看見自己生涯的無望。這樣的雙重失意惆悵，使邊緣知識人比別人多一層煩惱焦慮，因而也就更迫切需要寄託於一種較高遠的理想，以成為社會上某種更大的事業的一部分。即使生活改善不多，到底是為一種更大更高的目標而生存、而奮鬥。所以他們對社會政治等的參與感和實際的參與都要比其它許多社會群體更強。

同時，由於邊緣知識人不論身心都徘徊在城鄉和菁英與大眾之間，其在一定程度上也就起到了聯繫和溝通城鄉及菁英與大眾的功用。所謂邊緣，本是雙向的，即一腳踏在知識人一邊，一腳踏在不能讀寫的大眾一邊。這樣一種兩可的特性，使其有時恰更容易被雙方接受。知識人可見其知識的一面，大眾則見其通俗的一面。

近代中國既然是走在所謂現代化的路上，其大方向總的來說是在向西走。而知識菁英的西向程度是遠超過大眾的。錢穆就從義和團事件中看出上層知識人與大眾在民族主義方面的疏離。他說，近代中國知識人「天天把自己從西方學到的許多對中國民眾並非切膚之痛的思

---

67 Donald Jordan, *The Northern Expedition: Chinese National Revolution of 1926-1928*, Honolulu, 1976, pp. 17-18.

想和理論來無條件地向他們炫耀誇揚。外國的件件對，中國的件件不對」。實際上，民族主義情緒更強的一般民眾，對此「會發生很大反感」。[68] 這裡面的關係當然還更複雜。知識菁英所表現出的民族主義情緒，或者不是那麼強烈，但其內心深處實際的民族主義關懷，實不稍讓於大眾（詳另文）。但是，一般民眾認知中的知識菁英，當然只能來自其表現出來的部分。錢氏觀察到的現象確實存在。

胡適還是一個邊緣知識人時，雖然自己一直在下大功夫學英文，卻也在《競業旬報》裡鼓勵世人要「使祖國文字，一天光明一天。不要卑鄙下賤去學幾句愛皮細底，便稀奇的了不得。那還算是人麼」？[69] 可知當時學了幾句 ABCD，確實可以「稀奇得了不得」。而這裡流露出的對那些能說 ABCD 者既羨慕又憎恨的邊緣知識人心態，也是非常傳神的。胡適後來成了知識菁英，心態為之一變。也曾用「幾句愛皮細底」去「威懾」章太炎那樣的國學家。但近代多數沒能學會「蟹行文字」的邊緣知識人，確實是在追逐西潮的同時對西化菁英有某種不舒服的感覺。

那時不僅存在知識菁英與一般平民疏離的現象，而且還有自晚清以來西洋留學生與國內思想言說（discourse）的疏離。新文化運動的興起，特別是《新青年》的出現，使不少留英美學生參與到國內思想言說之中。儘管疏離並未完全彌合，仍基本改變了留美學生自說自話的狀態。與此同時，文學革命那面向「一般人」的傾向，在民初思想接收者漸居主動地位時，也帶來意想不到的正面回饋。[70]

特別是胡適所說一個人只要會寫字並且膽子大就能作文的主張，

---

68 錢穆：《中國思想史》，175頁。
69 胡適：《愛國》（1908年），《胡適早年文存》，177-178頁。
70 本段與下段，參見羅志田：《文學革命的社會功能與社會反響》，《社會科學研究》1996年5期。

適應了近代社會變動產生出的一大批邊緣知識人的需要，故能夠一呼百應、不脛而走。五四學生運動前後，小報小刊陡增，其作者和讀者大致都是這一社會階層的人。從社會學的層面看，新報刊也是就業機會，他們實際上是自己給自己創造出了「社會的需要」。白話文運動對這些人有多麼要緊，而他們的支持擁護會有多麼積極，都可以不言而喻了。

文學革命無疑給邊緣知識人提供了方向和出路。當他們從茫然走向自覺時，也必定要想發揮更大更主動的作用。的確，正是嚮往「上層」的邊緣知識人，才是西向知識菁英的真正讀者聽眾和追隨者，有時並將其所接收的再傳布給大眾。故在知識菁英面前，邊緣知識人代大眾而為一種想像的聽眾；在大眾面前有時又代菁英執行士的社會領導作用。這樣的中介功用，至少部分彌合兩者的疏離，但有時也可能造成雙方虛幻的接近感。

邊緣知識人在對大眾立言之時，其口號仍基本是從知識菁英那裡傳承來的西向口號，這是近代中國全社會或多或少都有尊西傾向的一個重要原因。但是，邊緣知識人也有自己的思想，故在溝通雙方時，有意無意間將自己的願望和觀念轉移到兩造身上。更因其中介功用的不可或缺，結果不但影響雙方，更有因替代而成真的情形。錢穆觀察到的菁英往西走而大眾民族主義情緒尚強的現象，部分也有邊緣知青的作用。蓋西化口號下所包含的實際內容，經邊緣知青轉手後，到一般民眾那裡已大為淡薄。如果說近代中國人表露出的民族主義情緒有一個自下而上逐漸淡化的現象，可以說其西化傾向也有一個自上而下的淡化過程。這裡面邊緣知識人的中介作用，是有特殊意義的。

而且，正因為邊緣知識人所掌握的中西學均有限，反容易自以為「已學通」而行動更大膽活潑。他們的行動能力的確是超過知識菁英的。林白水早已表達了讀書人「最不中用」，只能「嘴裡頭說一兩句

空話，筆底下寫一兩篇空文」的認知。他為證明讀書人沒用，進而
說：「你看漢高祖、明太祖是不是讀書人做的？關老爺、張飛是不是
書呆子做的？可見我們不讀書的這輩英雄，倘然一天明白起來，著實
利〔厲〕害可怕得很。」不過，林氏馬上又指出：「書雖然來不及去
讀，報卻是天天要看的。」[71] 可知他所針對的，正是那些不太算得上
「讀書人」，卻又還能看報者。正因為邊緣知識人膽大肯幹，一般民
眾漸得出他們在「幹」而知識菁英只會「說」的認知。

　　這樣，新文化運動的一個目的本來是要彌合士人與大眾的疏離，
即胡適所說的要合「我們」與「他們」為一體，故曾努力「與一般之
人生出交涉」[72]。但其尊西的取向，恰又擴大了雙方間的疏離。四民
社會中士人本是社會其它階層的楷模，這樣的疏離當然對新型「士
人」的楷模地位大有毀損。近現代知識菁英既然連與大眾溝通都困
難，也就難以充分填補因士的來源中絕而出現的社會領導空缺。而膽
大肯幹的邊緣知識人，反能部分取代知識菁英以填補此社會領導地位
的空缺。

　　這就是章太炎、胡適所見的民國人物不能持久的一個主要原因，
而兩人自己，也在此循環之中。胡適在一九一八年寫的一篇文章中，
以上海大舞臺為「中國的一個絕妙的縮本模型」，指出：在臺上支撐
場面的，「沒有一個不是二十年前的舊古董」！[73] 約兩年後，戴季陶
也說，辛亥革命後政治局面雖一年數變，但「變來變去，在政治這一

---

71 林懈：《中國白話報・發刊詞》，1903年12月19日，張枬、王忍之編：《辛亥革命前
　十年間時論選集》，卷一下，603-605頁。清初的曾靜曾說，以前的皇帝都讓世路上
　的英雄做了，其實皇帝合該我儒生做。與林的認知恰相反。

72 黃遠庸：《釋言（致甲寅雜誌記者）》，《甲寅》，1卷10號（1915年10月），2頁（通訊
　欄頁）。

73 胡適：《歸國雜感》，《新青年》4卷1號（1918年1月），20-21頁。

個舞臺上的背景、腳色、排場、科白、表情，都是差不多」。[74] 換言之，這麼多年中國並沒有造出什麼「新角色」。古董而且舊，其過時自不待言。據胡適那時的看法，這是因為中國「時勢變得太快，生者偶一不上勁，就要落後趕不上了」。[75]

胡適曾以龔自珍的「但開風氣不為師」與章士釗共勉，因為他們「同是曾開風氣人」。但是，這些「曾開風氣人」都在開風氣之後不久就「落伍」。正如曾開一代風氣的「新黨」代表梁啟超的境遇。但胡適以為，梁、章的落伍是不同的。梁氏「這幾年頗能努力跟著一班少年人向前跑。他的腳力也許有時差跌，但他的興致是可愛的」。梁所跟著跑的「少年」，正是胡適等人，當然可愛。章則不然，他不但不跟著少年跑，而且攻擊梁說，「梁任公獻媚小生，從風而靡，天下病之」。所以胡適說章甘心落伍而不甘心落魄，不得不站到反對的一邊去作首領。[76]

其實，梁啟超的落伍，部分也因為他並不僅僅是跟著跑。錢基博說，胡適歸國，「都講京師，倡為白話文，風靡一時」。梁啟超「樂引其說以自張，加潤澤焉。諸少年噪曰：『梁任公跟著我們跑也』」。但「梁出其所學，亦時有不『跟著少年跑』而思調節其橫流者」。[77] 一個人是否落伍，即在於是否「跟著少年人跑」，頗能提示那時的時代風尚。具有弔詭意味的是，在這樣的時代，要想「調節其橫流」，必先「跟著少年跑」；如果不「跟著少年跑」，也根本就無法「調節其橫

74 戴季陶：《到湖州後的感想》（1920年7月），《戴季陶集（1909-1920）》，唐文權、桑兵編，武漢：華中師範大學出版社，1990年，1272頁。

75 胡適：《致高一涵等（稿）》（1919年10月8日），《胡適來往書信選》，上冊，72頁。

76 胡適：《「老章又反叛了！」》（1925年8月），《胡適全集》（12），合肥：安徽教育出版社，2003年，74-76頁。

77 錢基博：《現代中國文學史》，361頁。

流」。[78] 但若「調節其橫流」的苦心超過了「跟著少年跑」的努力，仍要落伍。

在某種程度上，能有較長遠的政治思慮，也是社會分工上已不再為四民之首，而在思想上多少還能為社會指方向的民初知識人存在的一項主要社會價值。故在民初的北洋時期，才有些自以為是社會中堅、卻因道治二統的分離而獨善其身的「好人」出來努力影響政治，甚至有組織「好人政府」的想法。這正是重心已失，卻還有些余勇可賈的時候。但「好人」之必須「出」，實即其已不再居於社會中心的直接表徵。「好人政治」的失敗本身，近一步表明這些「好人」不能像傳統的士那樣作政治的重心。

知識人既然已不能為社會指引方向，其存在價值自然就進一步降低，不得不讓位給具體做事的邊緣知識人。「好人」們既然自知無用，大家或者學俄國的虛無黨「到民間去」；或者如胡適所認知的那樣去追趕時勢，以「免了落後的危險」。到二十年代生胡適與死孫文論「知難行易」還是「知難行也不易」，觀點雖對立，但都著眼於「行」的青年，正是「知」和知的載體都已差不多到頭，只好讓位於「行」和行的載體的一個表徵。

本來近代中國不論思想社會，都呈正統衰落、邊緣上升的大趨勢，恰與「新的崇拜」相表裡。崇新則自然重少。從邏輯上言，中國傳統既然黑暗，則越年輕當然受害越少也越純潔，故少年才代表著中國的未來和希望。所以魯迅寧願自己來肩負那「黑暗的閘門」，讓青年少讀或不讀中國書；而錢玄同更主張將四十歲以上的人全殺掉。他

---

78 類似傾向更早已出現，胡思敬在清季就注意到：「近時士類大敗，少年粗解閱報，拾取一二名詞，哆然談經濟。一時風氣所趨，雖老生宿儒，莫敢自堅其說。蓋欲避頑固之名，不得不進調停之說。」胡思敬：《退廬全集‧退廬箋牘‧與李梅庵書》（約1905年），438-439頁。不過胡之所謂「調停」，帶迎合意，與錢之「調節」略不同。

們無非都是眼盯著那較純潔的年輕一輩。在此重少的流風所被之下，更形成一種老師向學生靠攏的新風尚。上層知識人反向邊緣知識人看齊，世風為之一變。

到一九四六年，聞一多自問道：中國的老師和學生「究竟是誰應該向誰學習」？答案自然是老師向學生學。因為「這年頭愈是年輕的，愈能識大體；博學多能的中年人，反而只會挑剔小節。正當青年們昂起頭來做人的時候，中年人卻在黑暗的淫威面前屈膝了」。[79] 一九四八年聞氏的朋友朱自清去世，許德珩在輓聯中說：朱氏「教書三十年；一面教，一面學，向時代學，向學生學」。[80] 真是那個時代作教師者「跟著學生跑」的最好寫照。

這也是民初社會變動的思想語境。如上所述，邊緣知識人對社會政治等的參與感，本就比其它許多社會群體更強。白話文的推廣，既擴大了邊緣知識人的隊伍，也增強了他們的影響。白話文本身又為日後的標語口號演說等政治行為的興起埋下了伏筆。故蘇俄式的群眾政治運動方式尚未引進，其在中國得以風行的土壤已經準備好了。五四運動更使社會各界注意到學生力量的重要。京、滬新聞出版界立即開始大量啟用大學生，各政黨則同時注意在中學生中發展力量。

胡適等新文化人提倡在先，邊緣知識人自覺在後；他們一旦自我覺醒，參與意識更強，就要在社會政治生活中起到更大的作用。到二〇年代，李璜已在抗議各政治黨派驅使利用中學生參政而造成其流血犧牲。[81] 魯迅到廣州也發現北伐軍中拼命的原來竟是學生輩。[82] 此

---

79 聞一多：《八年的回憶和感想》，《聞一多全集》，武漢：湖北人民出版社，1993年，第2卷，432頁。

80 朱閏生：《魂牽夢縈綠楊情——記父親朱自清與揚州》，江蘇省政協文史資料委員會等編：《江蘇文史資料》第57輯（1992年），74頁。

81 李璜：《我們為什麼要辦愛國中學》，《晨報副刊》，1926年7月27日，13頁（社會欄頁）。

時邊緣知識人無疑已漸成中國政治力量的主力軍。

這樣，在中國歷史上，邊緣知識人第一次既是政治運動的主力軍，又部分是其領導中心；而且恐怕是唯一一個參與意識既強，其數量又大到足以左右其所在政治運動的社會群體。二十世紀中國各政治運動的成敗，常視其能否吸引和容納大多數邊緣知識人而定。同時，邊緣知識青年自身也要受時代激進趨勢的影響，其激進也隨時代而進步；而且他們一旦激進起來，其速度又比老師輩更為迅猛。

君不見「問題與主義」論爭時，後來的馬克思主義者毛澤東此時基本是站在主張研究「問題」這一邊的。同樣，後來非常著名的共產黨人惲代英，在「五四」前後給胡適的信中所表露的思想，就比錢玄同還要溫和得多。惲代英主張「與舊勢力不必過於直接作敵」。他覺得更有成效的辦法是「把孔子的好處發揮出來」，以平舊派不正的感情，然後證明舊派其實不合孔子之道。惲氏已認識到那時的「所謂新人物，不盡有完全之新修養。故舊勢力即完全推倒，新人物仍無起而代之之能力」。[83] 這在當時是極少見的卓識。

新派破壞了舊的以後，用什麼新的東西來代替呢？胡適和新文化人除了用白話來代替文言這一確切答案，似乎也未準備好其它方面的具體解答。既然不能取代，一味打倒，只會增強中國的亂象。持這樣穩健觀念的人，竟然不久就成為身與武裝革命的領袖，可知邊緣知識青年行動起來之後，其激進是遠過於老師輩的。「五四」時如果要在胡適與陳獨秀之間劃一條線，很可能毛和惲都會站在更溫和的胡適一

82 魯迅：《慶祝滬寧克復的那一邊》，《國民新聞》（廣州），1927年5月5日，重印在《中山大學學報》1975年3期。

83 毛澤東曾在湖南組織「問題研究會」，這樣重視「研究問題」的在當時國內還不多見。參見汪澍白等：《青年毛澤東世界觀的轉變》，《歷史研究》，1980年5期；惲代英信引自耿雲志：《胡適年譜》，成都：四川人民出版社，1989年，73頁。

邊。但他們後來在共產黨內，都覺得陳獨秀右傾（即保守）並努力反
對之。幾年之間，兩代人「進步」的速度已完全不可同日而語了。

而「行」的載體的地位一上升，又反過來影響思想演變的走向。
中國思想權勢又出現新的轉移。余師英時注意到，馬克思主義一類思
想在中國社會上的廣泛傳播，「最先是大學生受到感染，然後再一步
一步地影響到教授階層」。[84] 老師向學生學習既然成了終生的目標，
則學生喜歡的，老師也不得不學著去喜歡。這當然是有一個過程的。
新文化運動的老師輩由威爾遜向列寧的轉移，恰證明這樣一個學生影
響教授的過程。

陳獨秀在一九一八年底所作的《每周評論》的《發刊詞》中，還
曾稱威爾遜為「世界上第一個好人」。他在一九一九年也曾喊出「拿
英美作榜樣」的口號，不久就成了中國共產黨的創始人。到一九二三
年十二月，北大進行民意測量，投票選舉世界第一偉人，四九七票
中，列寧獨得二二七票居第一，威爾遜則得五十一票居第二。威爾遜
從「第一好人」變為「第二偉人」，正是由美到俄這個榜樣的典範轉
移趨於完成的象徵。[85]

以士農工商四大社會群體為基本要素的傳統中國社會結構，在自
身演變出現危機時，恰遇西潮的衝擊而解體，拉開了近代中國社會結
構變遷的序幕。社會結構變遷既是思想演變的造因，也受思想演變的
影響。西潮衝擊之下的中國士人，由於對文化競爭的認識不足，沿著
西學為用的方向走上了中學不能為體的不歸路，失去了自身的文化立
足點。文化立足點的失落造成中國人心態的劇變，從自認為世界文化

---

84 余英時：《中國近代思想史上的激進與保守》，《歷史月刊》（臺北），第29期（1990
年6月），145頁。

85 北大民意測量轉引自陳福霖(F. Gilbert Chan), *Nationalism in East Asia: An Annotated
Bibliography of selected Works*, New York, 1981, pp. 21-22. 並參見羅志田：《胡適與社
會主義的合離》，《學人》第4輯（1993年7月）。

的中心到承認中國文化野蠻，退居世界文化的邊緣。近代中國可以說已失去重心。結果，從思想界到整個社會上都形成一股尊西崇新的大潮，可稱作新的崇拜。從十九世紀八〇年代中期起，科舉考試內容已重新學勝於舊學，中國腹地不能接觸新學書籍者已難以通過考試。實際上，最後一代社會學意義上的士在思想上已與傳統的士大不相同。

思想權勢的轉移是與社會權勢的轉移伴生的。四民之首的士這一社群，在近代社會變遷中受衝擊最大。廢科舉興學堂等改革的社會意義就是從根本上改變了人的上升性社會變動取向，切斷了「士」的社會來源，使士的存在成為一個歷史範疇。士的逐漸消失和知識人社群的出現，是中國近代社會區別於傳統社會的最主要特徵之一。知識人與傳統的士的一大區別即其已不再是四民之首，而是一個在社會上自由浮動的社群，道統與政統已兩分，而浮動即意味著某種程度的疏離。再加上近代軍人、職業革命家和工商業者等新興社群的崛起，知識人在中國社會中處於一種日益邊緣化的境地。同時，科舉制雖廢除，而並未代之以新的官僚養成體制，政統的常規社會來源枯竭，原處邊緣的各新興社群開始逐漸進據政統。身處城鄉之間和菁英與大眾之間的邊緣知識人尤其適應近代中國革命性的社會變動。崇新與重少相表裡，在此大趨勢下，出現聽眾的擁護與否決定立說者的地位、老師反向學生靠攏這樣一種特殊的社會權勢再轉移。

同時，近代新的崇拜雖因失去思想、社會重心而起，當其成為「風氣」之後，又反過來強化了中間主幹之位空虛的現象。崇新的一個直接後果，就是不斷地追求進一步的新，則「國中人物，皆暴起一時，小成即墮」，固亦宜也。一般老百姓，固然要不斷追求更新的偶像；就是已成偶像者，也要不斷地破舊，以證明及維持其新。可是新總是相對於舊的，一旦舊被破除，新也就不成其為新。如是則既存的偶像轉眼已舊，不得不讓位於更新者。如此循環往復，沒有一個大家

可接受的持續象徵，於是中間主幹之位空虛就成為近代中國持續的社
會現象。

不過，近現代中國知識人尊西崇新，其潛意識裡也未嘗沒有以夷
制夷這個理學模式傳統的影響在。其學習西方之目的是為了要建立一
個更新更強的國家，最終凌駕於歐美之上。在此情勢之下，民族主義
乃成一股大潮。從社會學的角度看，民族主義運動有其特殊的吸引
力。邊緣知識青年在其中找到自身價值的實現，從不值一文的白丁
（nobody）變成有一定地位的人物（somebody），國家的拯救與個人
的出路融為一體。菁英知識人也在這裡發現一個選擇，即一條通往回
歸到與大眾和國家民族更接近的路徑；在某種程度上也可說是從邊緣
回歸中央的可能。

如果可以把走進象牙塔這種與大眾的疏離視為傳統之士的內在超
越性的某種外在社會化，則經民族主義運動而回到與大眾的接軌就是
一種超越的超越，即外在地超越於內在超越的社會化。故即使僅從這
一層面看，民族主義運動為知識人的邊緣化和新興的邊緣知識人都提
供了某種出路，其在近代中國的影響自然非其它主義可及。

但民族主義只能提供出路，卻不能解決全部問題。重心既失，邊
緣人打了天下後仍面臨是以自己為中心獨治還是重建一個社會重心來
「共治」天下的問題。蔣介石在北伐結束後曾感歎說：「今之行政機
關所最難者，不用一舊有人員，則手續多有不便；用一舊有人員，則
舊有之積習，照隨之而入。」[86] 此語固有其特定的指謂，但多少透露
出那種獨治也難，共治又無所與共的窘境。

胡適在北伐統一之後不久仍說中國的民族自救運動已失敗，即因

---

86 蔣介石：《今日黨員與政府軍隊及社會之組織唯一要素》，《盛京時報》，1928年8月
  18日，1版。

為他一生追求的「再造文明」的目標並未實現。近代重心之失的根本，還是中國人已失其故，缺乏一個重建民族認同的文化基礎。沒有這樣一個基礎，即使「收拾」來一些西方的學理，仍談不上對外來思想資源的消化、借鑑和利用；沒有這樣一個基礎，更不可能建立起社會和政治的重心。重心不立，則亂多於治的現象必然反覆出現。所謂「再造文明」，正是要重建這個民族認同的文化基礎。胡適提出的這個任務，仍有待完成。

　　據原刊《清華漢學研究》第2輯（1997年11月）的《失去重心的近代中國：清末民初思想權勢與社會權勢的轉移及其互動關係》改寫

# 近代湖南區域文化與戊戌新舊之爭<sup>*</sup>

中國近代明確的新舊之分，即「新黨」、「舊黨」等群體認同詞彙的頻繁出現，大約即在戊戌變法前後。在新政推行較早的湖南，新舊之分在光緒二十三年末似已基本確定。葉德輝在那年十一月的《與石醉六書》中，已開始大肆攻擊梁啟超在湖南傳播公羊學。他在後來刊印的信末按語中說：此信「為斯事辯難之始」。雖然他那時尚認為「舊黨與新黨，說到人情天理，固無有不合者。」<sup>1</sup> 但新舊兩黨的分野顯然已出現了。

以今日的後見之明來看，戊戌變法前後湖南乃至全國的所謂「新派」並不全新，他們對「新政」的參與和接受有不同程度的區別。而「舊派」也並不全舊，他們大都支持甚至提倡某種程度的革新。但對當時人來說，新舊兩黨的人員分野基本是清晰的，新舊之爭的存在也的確是時人的共同認知，故本文使用新派、舊派這樣的詞彙，主要指謂他們不同的群體積纍認同，而並不意味著他們在思想及行為上都截然對立。

可以說，到十九世紀後期，中國朝野所謂「守舊」，大致都不過

---

* 文中引用一些標點過的史料時，已重新標點，不一一注出。另在敘述中凡具體到月日的時間，均使用時人的記時方式和曆法，偶引外人言論而用西曆則明確寫出。這樣較便於引文，而尤能適應當時人的思維習慣（特別是年頭年尾，一換算則大不相同）。

1 葉德輝：《郋園書札·與石醉六書》，長沙：中國古書刊印社，1935年，《郋園全書》版，頁1A-4A；葉德輝致熊希齡，光緒二十三年十二月一日，《湘報》，北京：中華書局，1965年影印本，第112號，頁447B。

是相對而言。甲午中日戰爭以後，中國的全國性語境中幾乎已不存在真正純粹的守舊派（詳另文）。當然，以近代中國思想社會發展的明顯地區差異，也有可能存在一些區域性的例外。過去不少人論及戊戌變法前後的湖南新舊之爭，都要說到近代湖南區域文化的守舊與排外，這當然不是無根之談，但也不乏迷思（myth）的成分。而有些迷思，也就起源於最早記述這一事件的當事人梁啟超在戊戌當年的著述。[2]

近代湖南區域文化的主流傾向究竟是趨新還是守舊？這是認識戊戌前後湘籍士人心態、觀念與行為的一個重要基本因素。本文即圍繞這一問題，從湖南區域文化的一些特性入手，探討這一特定區域文化語境對湘籍士人（亦偶及在此特定時段進入這一區域文化氛圍的外來士人）思想觀念和社會行為的影響。[3] 由於他們所思考、探索和因應的畢竟是全中國（而非湖南）當時面臨的問題和挑戰，即錢基博所說「其人為天下士，為事亦天下事」[4]，故本文的研究也希望能對理解整個近代中國稍有促進。

## 一　從邊緣走向中央的湘學

湖南於康熙三年（1664）在湖廣省內分設布政使司，轄七府二州，同時移專治苗疆的偏沅巡撫駐長沙。到雍正二年（1724）始正式設立湖南省，領九府四州，成為全國十八行省之一。此前湖南不過是

---

2　梁啟超：《戊戌政變記・附錄二：湖南廣東情形》，《飲冰室合集・專集之一》，北京：中華書局，1989年影印，129-146頁。

3　從湖南區域文化的角度來探討這一論題的取向，也可上溯到梁啟超，近年又有進一步申論者，如張朋園：《中國現代化的區域研究——湖南省，1860-1916》，臺北「中研院」近史所，1983年；楊念群：《儒學地域化的近代形態》，北京：生活・讀書・新知三聯書店，1997年，特別見其論時務學堂的第8章。不過兩書各自關注的主要是「現代化」和「儒學地域化」，而並不特別側重湖南區域文化。

4　錢基博：《近百年湖南學風》，長沙：嶽麓書社，1985年，104頁。

一個半邊疆區域，此後也還有一個適應的過程。[5] 錢基博注意到：清代湖南的交通不便和土地貧瘠使其「民性多流於倔強」。[6] 張朋園搜輯了湖南省志和州縣志關於湘人性格的記載近二十條，出現最頻繁的字是「悍」，次則為「勁」與「直」，再次則為「剛」。[7] 湘人楊樹達也認為：「湘中前輩大抵以橫拙剛毅見長」。[8] 楊所指的主要是士大夫，可知近代湖南民風與士風都以悍勁著稱，具有較強的鬥爭性，這與湖南士紳在戊戌變法前後的社會行為有直接的關聯。

近代湖南最具象徵意義的事件則是咸同時期因鎮壓太平軍起義而導致的湘軍興起。曾國藩和郭嵩燾都視湘軍之起為「湘運之起」。[9] 可以說，以咸同時期為轉折，湖南在全國的地位明顯可見一個從邊緣到中心的過程。由此進而產生了士人心態和觀念的大變，戊戌時《湘報》撰稿人楊毓麟（篤生）後來說：「咸同以前，我湖南人碌碌無所輕重於天下，亦幾不知有所謂對天下之責任；知有所謂對天下之責任者，當自洪楊之難始。」[10] 這樣一種由地方而全國的關懷和思慮，使許多湖南士人由區域學子而轉變成「天下之士」；其眼光和責任感之所及，都已不限於一隅了。

地處邊緣意味著受正統的約束相對較少，在一個變動劇烈的時代，也就意味著思變求變的阻力沒有中心那麼大。近代湖南學術發展有其獨特性是一個多數人接受的共識，但對這一獨特性的評價則可見

---

5　張朋園：《中國現代化的區域研究——湖南省，1860-1916》，8、50-51、345頁。

6　錢基博：《近百年湖南學風》，1頁。

7　張朋園：《中國現代化的區域研究——湖南省，1860-1916》，338-39頁。

8　楊樹達：《積微居回憶錄》，上海：上海古籍出版社，1986年，209頁。

9　郭廷以等編：《郭嵩燾先生年譜》，435、447頁，轉引自張朋園：《中國現代化的區域研究——湖南省，1860-1916》，349頁。

10　楊篤生：《新湖南》（1903），張枏、王忍之編：《辛亥革命前十年間時論選集》，卷一下，北京：生活・讀書・新知三聯書店，1960年，618頁。

一個明顯的由自卑到自豪的過程。湘人原對湘學的邊緣性頗感遺憾。皮錫瑞追述說：「湖南人物，罕見史傳。三國時如蔣琬者，只一二人。唐開科三百年，長沙劉蛻始舉進士，時謂之『破天荒』。」至元、明稍盛，清代則同治中興以前湖南士人長期在全國沒有什麼地位。[11] 也是到雍正二年，湖南的科舉考試才正式與湖北分闈。在此以前「達於朝者寥寥焉」；改劃考區後，湖南中進士的人才開始增加。[12]

與中原的隔絕造成湖南學術的不入流，當乾嘉「漢學」風行全國時，「獨湖湘之間被其風最稀」。[13] 葉德輝注意到：「乾嘉以後，吳越經學之盛，幾於南北同宗。」而湖南人則「篤守其鄉風」，「不以考據為能」。生長於湖南的葉氏本人就是以宋學之史學為啟蒙，「自登鄉薦，北遊京師，於是日與日下知名之士文酒過從；又時至廠肆，遍取國朝儒先之書讀之，遂得通知訓詁考訂之學」。[14] 葉氏中進士進京是一八九二年，在那之前尚不知考據之學，足見湖南學風的確有所不同。而他在此後的急起直追，又最能體現邊緣人向中心靠攏的迫切。

對於湖南在學術上的邊緣地位，不少外出獲得全國影響的湘籍士人頗覺不安，也曾暗中努力消除或減輕外人這一認知。曾在其江蘇學政任內編《皇清經解續編》的王先謙對葉德輝說：他在編輯中「僅得《船山遺書》及魏默深《書、詩古微》二種，猶未純粹」。在深感湖南「經學之陋」的心態下，遂勉強「以曾文正公《讀書日記》析其讀經筆記，雜湊一家。生存人如胡元玉、胡元儀所著書，亦錄入，蓋不

---

11 皮錫瑞：《師伏堂日記》（1897-1900年的皮錫瑞日記分四次選刊在《湖南歷史資料》1958年第4輯、1959年第1-2輯、1981年第2輯，以下僅引年月日），光緒二十四年閏三月十九日。

12 楊篤生：《新湖南》，張枬、王忍之編：《辛亥革命前十年間時論選集》，卷一下，616頁。

13 錢穆：《中國近三百年學術史》，臺灣：商務印書館，1964年，下冊，575頁。

14 葉德輝：《郋園書札‧答人書、與羅敬則書》，頁23B、36A。

得已也」。[15] 王曾明確其刊《續經解》，因學派關係，不收宋學家著作[16]；而魏、曾二人，都不脫宋學影響，曾氏更不以經學名家。倘非為維護湘譽，是不會收入的。

皮錫瑞於戊戌年在南學會講學中說：「文人相輕，自古已然，湖南此風更甚。我湖南人最尚氣，勇於有為，是其好處。而氣太盛，多不能虛衷受益。後生喜謗前輩，同時互相詆毀。外省人皆推湖南人材極盛，而湖南學術不能成一宗派，皆由無會以聯合之故。」[17] 這是皮氏為了提倡學會而引申（皖學亦無會，卻自成派），實不足據，但說明湖南學術未能開宗立派正是湘籍學人的憂慮所在。

後來章太炎論湖南經學家說：「鄒漢勳學未成就。王闓運不專取《公羊》，亦雜採古今文。王先謙經學不足道。」後起的皮錫瑞「亦從吳皖二派入手；久之，以翁潘當道，非言今文則謀生將絀，故以此投時好，然亦不盡採今文也」。故「湖南經學，唯有單立湘派而已」。[18] 雖然勉強許其立派，但實屬另冊之意是明顯的。不過章氏是從儒家經學觀念立論，所以輕視以「雜而不純」為特點的湘學。若從經學正統衰落之後的眼光看，湖南學術的長處或者正在其「雜」之上。湘人李肖聃說：「九流之學，楚士號精。」經學不足道的王先謙卻也兼通子學，正不失為一長。[19]

但這是後來才能有的觀念。林能士引梁啟超晚年的觀點，說自魏源倡今文經學，到唐鑑講程朱學，「自是湘學彬彬矣」。[20]「彬彬」指

---

15 汪兆鏞：《葉郋園先生事略》，《郋園全書》卷首，頁1B。
16 王先謙：《復閻季蓉書》，《虛受堂文集》，1932年葵園四種版，卷14，頁14B。
17 《皮鹿門學長南學會第二次講義》，《湘報》，第6號，頁22A。
18 章太炎致支偉成論訂書及批語，約1924年9月14日，收支偉成：《清代樸學大師列傳》，臺北：明文書局影印（無日期），10、323頁。
19 李肖聃：《湘學略》，長沙：嶽麓書社，1985年，208頁。
20 梁啟超：《近代學術之地理的分布》，《飲冰室文集》之41，76頁。

謂好到何種程度，當然說不清；然大致是今文家的後起詮釋，與湘學當時在全國的邊緣地位不甚相合。林氏進而認為：嘉慶中葉後，湖南學術「異軍突起，並能獨樹一幟」；故「湘學的勃興，正是近代湖南地位崛起的先聲」。[21] 恐怕是被梁氏欺之以方，將先後搞反了。若彼時湘學已「勃興」，王先謙後來又何以會有湘學不入流的感歎呢。

其實，湘學的名聲大著，仍沾了湘軍的光。正因為湘軍是靠「講學之儒，奏戡亂之績」[22]，故得以如梁啟超所說，「湘學之名隨湘軍而大振」。梁氏並云：湘學「自是一雪理學迂腐之誚」。[23] 最足說明前此之湘學因唐鑑、羅澤南等大講程朱，正被人譏誚為「理學迂腐」。左宗棠以為：在全國學術陵遲、士人爭競科名利祿之途時，「湖湘諸君子獨發揚蹈厲，慨然各畢其志力，以當世變，而抉其衰。忠義之風，照耀寰宇。」[24] 實有所見。湖湘士人本以其能經世而顯，以「忠義之風」見長，湘學之名亦藉事功而立，非真以學術見長也。

所以，在乾嘉正統籠罩學界之時，說湘學獨立可以；說其已「勃興」，則只能是對學術主流視而不見的掩耳盜鈴之法。在學術典範的「話語權勢」存在時，「獨立」不過是不入流的代名詞；只有在道咸以後，經學之正統已衰落，「獨立」才可能成為正面價值。[25] 價值觀念一變，不利的條件就轉化成有利的因素了。

楊毓麟後來說：湖南交通不便的地理條件造成當地人「獨立之根性」，特別表現在學術之上。從宋代的周敦頤、明末的王夫之到清代

21 林能士：《清季湖南的新政運動，1895-1898》，臺北：臺灣大學文學院，1972年，4頁。
22 葉德輝：《郋園書札・答人書》，頁23B。
23 梁啟超：《近代學術之地理分布》，《飲冰室文集》之41，76頁。
24 左宗棠：《箴言書院記》，轉引自林能士：《清季湖南的新政運動，1895-1898》，5頁。
25 參見羅志田：《清季民初經學的邊緣化與史學的走向中心》，《漢學研究》，15卷2期（1997年12月）。

的魏源、王闓運，都以學術與時流有所距離而獨立。[26] 再以後錢基博乾脆說：正因為湖南「風氣閉塞，常不為中原人文所沾被。抑亦風氣自創，能別於中原人物以獨立。人傑地靈，大儒迭起。前不見古人，後不見來者；宏識孤懷，涵今茹古；罔不有獨立自由之思想，有堅強不磨之志節；湛深古學，而能自闢蹊徑，不為古學所囿；義以淑群，行必厲己，以開一代之風氣。蓋地理使之然也。」[27] 這更是經學正統確立時不可能見到的議論。

咸同後在全國學術界立名的王闓運、葉德輝、皮錫瑞等，均能獨樹一幟，卻不是純粹的「漢學」或「宋學」，顯然可見湖湘獨立風氣的影響，也能體現湘學「雜而不純」的特色。蓋其本不在正統之中，故較少受典範的約束而容易有所突破。特別是王闓運學說正是丁酉戊戌活躍於湖南及全國的康梁學說的源頭活水之一，其在當時的影響最不可忽視。

葉德輝指出：「考康有為之學，出於蜀人廖平，而廖平為湘綺樓下樓弟子（湘綺嘗言廖平深思而不好學）。淵源所自，咸有聞知。」而「三傳互有短長，前人論之詳矣。至以專門而論，湘綺實上接胡董真傳。觀其所為傳箋，並不拘守任城之例。遺經獨抱，自有千秋」。葉本來對王學頗有微詞，以為王是「六朝文士，不足當經學大師」。但有人「或因其流毒，轉咎湘人」，葉氏為了捍衛湘學的地位，乃不得已出而為之辯，強調其獨立性。[28]

其實葉看到的別人因康學而轉咎湘學這一現象並不多見，相反，湖南新派一般似較少注意王闓運的存在（僅梁啟超大約稍知其老師學

---

26 楊篤生：《新湖南》，《辛亥革命前十年間時論選集》，卷一下，617頁。

27 錢基博：《近百年湖南學風》，1頁。

28 葉德輝：《郋園書札・答人書》，頁23B-24A；楊樹轂、楊樹達記，崔建英整理：《郋園學行記》，《近代史資料》總57號（1985年4月，以下徑引書名），109頁。

之所出，似曾寫信恭維王[29]）。湘撫陳寶箴對同輩的王先謙等鄉紳一意
籠絡，對王闓運則不然。後者曾想擔任校經堂山長，陳不予。王對此
雖以一貫的恢諧出之，但皮錫瑞觀察到，其「言雖恢奇，不無恩
怨」。故其「惡言洋務，甚不以節吾為然。謂開礦必無利」。[30] 節吾即
後來入陳幕之歐陽中鵠，而力主開礦者則包括比湘綺要「新」許多的
王先謙。當時新學的本土思想資源確多可追溯及王，而王本人卻對新
政持反對態度，這一弔詭現象大有探討的餘地。[31]

對新派冷落湘綺老人的做法，王氏弟子楊度甚感不平。他曾到時
務學堂訪梁，「欲聞康氏之學」。並就《春秋》的義理與梁「論辨甚
多，詞氣壯厲」，至「昏暮方去」。梁突然遇到王門正宗，「初猶肆
辯，後乃遁詞」。楊度承認梁其人「年少才美」，但對其在湖南「以
《春秋》騙錢」，甚覺「可惜可惜」！他感歎道：「其學蓋私受於廖
平，而不曰王門者，欲為立名地耳。」[32]

其實王闓運自己也越來越不想過問世事，[33] 但他的被冷落仍從一

---

29 王日記稱：「得呂生書，詞甚諂阿，有似梁啟超。」王闓運：《湘綺樓日記》，光緒
二十四年四月十日，上海：商務印書館，1927年，第20冊，10頁。則梁可能曾「諂
阿」王，唯尚未見實證。

30 皮錫瑞：《師伏堂日記》，光緒二十一年十一月六日。

31 其中一個重要因素，即在於新政既然由地方大吏推動，則伴隨新政的社會資源的分
配，常與時人對新政的態度直接相關。當湖南新舊之爭表現為皮錫瑞與葉德輝的筆
戰之後，皮即注意到「大抵不得志於近日官紳者多歸葉」（《師伏堂日記》，光緒二
十四年四月八日）。這是一個關鍵，皮本人趨新即有謀「館地」的明確企圖，而其
全家也都在新政中得到職位。當道的「近日官紳」對不緊緊追隨新政者似太不重
視，是致彼有怨的一個原因（當然，有些人如果讓其參與，恐怕也要反對，但有所
疏解終不一樣）。這個問題牽涉甚寬，只能另文探討。

32 幾天後，楊度再至時務學堂，發現「卓如竟患癆症，陳君移檄，何如楊子《春
秋》！」對自己辯論的殺傷力頗感得意。楊度未刊日記，光緒二十四年一月二十
三、二十六日，此日記承楊念群先生提供，特此致謝！

33 除湘省當道對他不甚重視外，頗懂霸、王之術的王湘綺之所以隱而不出，也因為他
感到世事已不可為。戊戌新政期間，曾有朝旨「諭巡撫察看品學，是否可起用」。

個側面提示著十九世紀九○年代對湖南來說似乎意味著兩代人的轉
換。光緒十六年（1890）相繼去世的湘籍達官有曾國荃、彭玉麟、楊
岳斌、曾紀澤、黃彭年共五位，次年則先已退隱的郭嵩燾也去世。咸
同時代的湘籍風雲人物基本消失殆盡，僅剩一個已淡化家鄉認同的劉
坤一。兩三年後湘軍在甲午中日戰爭中的敗績，是又一個劃時代的影
響，提示著與湘軍相關的時代之終結。湘人譚嗣同說：「湘軍與日本
戰，大潰於牛莊；湖南人始轉側豁悟，其虛驕不可向邇之氣，亦頓餒
矣。」[34]

　　一般而言，自邊緣居中心者，最珍惜其來之不易的歷史地位，絕
不肯輕易放棄。這一中心地位及在此基礎上形成的湖南在全國的形
象，應即是近代湖南區域文化的主流趨向。從曾國藩起在全國有地位
提得起的湖南人除以「忠義」見長外，便是善於經世。而「經世」與
「洋務」在晚清如果不是同義詞，也越來越是近義詞，這只要看各種
《皇朝經世文編》、《續編》、《新編》、《統編》等的篇目便可了然。近
代湘籍名人基本在辦洋務這一趨新的路向上，他們的形象是湖南在全
國形象的主要組成部分。對此後來的湖南士人一直在努力維護，即或
時有突破，也基本不取公然對立的姿態。

## 二　後湘軍時代湖南的守舊與趨新

　　隨著咸同風雲人物那一代人的離去，湖南士人在全國的整體地位
和形象恐怕都大為下降，他們中一部分人的眼光也似乎出現內縮的傾

　　王以為：「李孫矣。尋思世事，無處下手，又將為左季高耶？唯有藏拙而已。」《湘
　　琦樓日記》，光緒二十四年七月二十八日，第20冊，26頁。則其心態可見。
34 譚嗣同：《瀏陽興算記》，蔡尚思、方行編：《譚嗣同全集》（增訂本），北京：中華
　　書局，1981年，上冊，174頁。

向，其所注重者逐漸由全國而家鄉。這樣一種眼光的內傾，與因湘軍之起而高漲的湖南紳權相結合，就給後來的湖南地方政治帶來相當的影響（詳後）。[35] 丁酉、戊戌年間在湖南喊得越來越響的「自立」口號，雖然主要是出於對全國的關懷，然轉變中的湖南區域文化多少有些潛在的協助作用。同時，以趨新為基本傾向（程度容有不同）的咸同時代湘籍風雲人物的離開歷史舞臺，也多少為新一代湘紳提供了其它選擇（包括「守舊」）的可能。

王先謙為自己定位說：「平生願為讀書人，不敢貌襲名士；願為正人，不敢貌襲道學；願為建言之人，不敢貌襲直諫。」[36] 葉德輝也說：鄙人「最畏居理學之名。平生言行之際，大德不逾。嘗言吟風弄月之時，須具有仁民愛物之量，此方是聖門第一等學業，天下第一流人物。講學而如楚囚相對，豈復有生人之樂哉。」[37] 兩人都明確其與「道學」或「理學」的距離，最可見其與曾國藩那一代的明顯差異。故老輩王闓運對葉氏的為人極看不慣：「葉麻子來，躁妄殊甚，湘潭派無此村野童生派也。」[38] 而葉的弟子則記述他「平生恥言高尚，以為高尚乃無用之別名」；其「為人磊落光明，欲言則言，欲行則行。不知趨時，亦不知避謗。」[39] 兩說大致接近實際，不過各從其身分地位立言而已。

王、葉大概都不太注重修養，葉尤其「率性」超過「作聖」而稍

---

35 湘軍興起與湖南紳權上升的關係，論及者已多。張仲禮對十九世紀的紳士分省考察，發現他所謂的「新進者」（即第一代成為紳士者）比例最高的是湖南省，達到65%。張認為這與湘軍引起的地方紳士權力上升有關（見其《中國紳士》，中譯本，上海：上海社會科學院出版社，1991年，218頁）。目前尚未見有人將此區分應用於戊戌前後湖南紳權與新舊之爭的研究。

36 王先謙：《復某君》，《虛受堂書札》，1932年葵園四種版，卷一，頁11B。

37 葉德輝：《郋園書札·與羅敬則書》，頁37A。

38 王闓運：《湘琦樓日記》，光緒二十一年一月九日，第19冊，2頁。

39 《郋園學行記》，144頁。

帶湖南民間的「痞」氣，這可能是他們後來不時被人稱為「劣紳」的一個原因。葉德輝一向強調其學術獨立，甚而敢於攻擊鄉賢，這在當時極為少見。他自述說：「鄙人生長湖湘，先輩如王湘潭、郭湘陰，一時號為學者所宗，鄙人亦未嘗依附。所謂士各有志，學各有宗。」葉的年輩相對低，而能與二王並稱，他也不以為榮，反強調其學「迥與二王宗派不同」；他對當代大家如陳澧、俞樾「皆有微詞」，而「於湘綺之尤力」。更曾點名攻擊魏源「晚病風魔」，倡今文經學，結果幾乎「盡滅全經以入於異室」。[40] 這樣的「率性」之人，在素重「作聖」的傳統中國社會裡，是很難有美譽的。[41]

王、葉等人的不重修養，具有明顯的後湘軍時代的意味；而其之所以能這樣獨立特行，恐怕與湘軍興起帶來的豪氣也有一定關係。如果沒有曾國藩那一代人對道德修養的強調，湘人在全國的邊鄙形象恐難轉變；但近代湖南由邊緣而中央這一大轉折又的確使許多舊有的特性都藉此發揮到更高的程度，從而使包括讀書人在內的許多湘人部分回覆到原有的剛勁強悍。

咸同後湘人的敢作敢為頗受世人注目，無意中支持或助長了一些與湖南相關的迷思之形成（其中梁啟超起的作用尤大）。陳寶箴已說：咸同中興的「名臣儒將，多出於湘。其民氣之勇，士節之盛，實甲於天下。而恃其忠肝義膽，敵王所愾，不願師他人之長，其義憤激烈之氣，鄙夷不屑之心，亦以湘人為最。」[42] 梁啟超也認為：「發逆之

---

40 葉德輝：《郋園書札・答羅敬則書、與戴宣翹書》，頁34B、19B-20B；《郋園學行記》，109、116頁。

41 從高遠些看，人總要有「超我」才能區別於其它動物的基本只有「本我」。故中國文化一向甚重人禽之別，其行為準則尤講「作聖」，凡能韜晦者口碑多佳；而「率性」則常是修養不足的反映，稍過更可能被視為「無行」之人。參見羅志田：《「率性」與「作聖」：胡適少年受學經歷與胡適其人》，《四川大學學報》，1995年3期。

42 陳寶箴：《奏設時務武備學堂摺》，《湘報》，第25號，頁97B。

役，湘軍成大功。故囂張之氣漸生。」這大致是時人的認知，但梁隨後下一轉語「而仇視洋人之風以起」，則顯然為信口開河（詳後）。[43]

梁又說：「湖南向稱守舊，故凡洋人往遊歷者動見殺害，而全省電信輪船皆不能設行。自甲午之役以後，湖南學政以新學課士，於是風氣漸開。而譚嗣同輩倡大義於天下，全省沾被，議論一變。」於是有陳寶箴等推行的新政。這些話也都只能說是半虛半實，將半帶想像的詮釋摻合於事實敘述之中。湖南電信輪船固難設難行，但洋人有幾人被殺卻是可以統計的。所謂「動見殺害」，不過是把描述全國排外的習慣模式（其實全國也未達此程度）套在已先定為「守舊排外」的湖南之上。同時，甲午後學政江標以新學課士頗有影響是實，但陳寶箴撫湘前譚嗣同等人的觀念已沾被全省，使議論一變，又只能是想當然。[44]

大抵梁啟超如其自述，「筆鋒常帶感情」，故立說較隨便。但正因「梁筆」的感染力，其說最易為人接受。他在光緒二十二年致函汪康年說：「十八行省中，湖南人氣最可用。惟其守舊之堅，亦過於他省。若能幡然變之，則天下立變矣。」[45] 這裡「若能幡然變之」只是一個希望，後來卻成為一種習見的詮釋。戊戌當年一位江蘇人注意到：「夫湘人，吾華之深閉固拒最甚者也。一朝丕變，咸與維新。」王爾敏引用此語後進而提出：「甲午戰後，湘省人士幡然改途，由守

---

43 本段及下段，均見梁啟超：《戊戌政變記・附錄二：湖南廣東情形》，130頁。

44 按陳於光緒二十一年九月升任湘撫，那年除夕譚嗣同給他老師歐陽中鵠的信中說到他與強學會總會分會均無關係：「己既不求入會，亦無人來邀」（《譚嗣同全集》，下冊，455頁）。強學會集當時各種趨新人物之大成，而並無人注意及譚，大致可知他在全國的地位。而譚那時在湖南的革新影響主要在瀏陽，也尚未及全省。

45 梁啟超致汪康年，光緒二十二年，《汪康年師友書札》，上海：上海古籍出版社，1986年，第2冊，1843頁。

舊的中心，一變而為最積極維新的推動者。」[46] 問題在於，甲午戰爭的失敗對所有中國士人的刺激誠不可謂不深，但何以唯湖南人那麼快就「幡然改途」呢？

其實，梁本人在光緒二十二年仍說湖南守舊過於他省，則湖南人在甲午後的轉變，顯然是有一個過程的。《國聞報》到戊戌當年五月說：「素稱守舊」的湖南「近日丕變之急，冠於行省」。[47] 注意到其丕變在於近日，庶幾近之。而梁啟超和上引之江蘇人已為湖南之變何以異於他省提供了答案。梁寫信給汪康年是因為江標出任湖南學政，而汪與之厚，欲汪勸江「於按試時，非曾考經古者，不補弟子員，不取優等；而於經古一場，專取新學，其題目皆按時事（嘗見建霞所命題，甚通）。以此為重心，則利祿之路，三年內湖南可以丕變矣。」江標果然以新學課士，兩年後那位江蘇人即注意到湖南的「一朝丕變」，其轉折正在於「自我吳江建霞太史銜命視學，一以闡發新學為心，而澧蘭沅芷之鄉，無不知研求時務為當務之急」。[48] 這就是說，甲午戰敗的刺激是全國性的，而湖南卻因學政自上而下地以「利祿之途」導引，所以出現異於他省的變化。

同時，說甲午前的湖南是「守舊的中心」，恐怕也有疑問，對此譚嗣同、梁啟超等當年即感疑惑。譚說：中國十八省中，「湖南獨以疾惡洋務名於地球」，然「聞世之稱精解洋務，又必曰湘陰郭筠仙侍郎、湘鄉曾劼剛侍郎，雖西國亦云然。兩侍郎可謂湖南光矣，湖南人又醜詆焉。若是乎名實之不相契也」！梁也說：「湖南以守舊聞於天

---

46 王爾敏：《南學會》，收其《晚清政治思想史論》，臺北：商務印書館，1995年，130頁。本書承王先生賜寄，特此致謝！所引文在《皇朝經世文統編》，卷106，頁24A。

47 《國聞報》，光緒二十四年五月十一日，轉引自湯志鈞：《戊戌變法史》，310頁。

48 梁啟超致汪康年，《汪康年師友書札》，第2冊，1843頁；《讀湘報》（不著作者），邵之棠輯：《皇朝經世文統編》，上海：寶善齋，光緒二十七年（臺北：文海影印），卷106，頁23B。

下，然中國首講西學者，為魏源氏郭嵩燾氏曾紀澤氏，皆湖南人。故湖南實維新之區也。」他提出的一個解釋是：「他省無真守舊之人，亦無真維新之人。湖南則真守舊之人固多，而真維新之人亦不少。此所以異於他省也。」[49] 這話與不說實無區別。譚注意到的「名實之不相契」說明湖南民風士風的守舊還是趨新，的確需要仔細甄別，這也就回到了前面提出的近代湖南文化主流趨向的問題。

關於湖南人的守舊，論者多引同治十一年曾國藩靈柩因用輪船運回故鄉受阻事為例。[50] 自胡林翼慨歎洋船在長江的疾速行駛以還，輪船在近代中國就有相當程度的象徵意義。但這一次輪船與曾國藩靈柩的關聯，很有可能是後之治史者讀出的新意。湖南當時為之譁然者是否從「新舊」立場出發思考和因應這一問題，迄今未見可靠的依據，相當值得懷疑。其實那件事或者與今人所說的「迷信」及相關習俗關係更大。曾紀澤在中國傳統認為非常重要的事項中使用了當時不習見的運輸工具，這大概是問題的關鍵所在。假如他用先民使用的木筏子運送乃父的靈柩，應屬最「舊」，恐怕仍會引起相當程度的譁然（當然輪船可能更容易引起爭議）。

湖南民風或有守舊一面（實則全國亦然，義和團事最足證明之），而湖南士風則決不守舊，反而明顯趨新。咸同以後湖南的象徵人物是曾、胡、羅、左等，到那一代人影響式微時，魏源、郭嵩燾、曾紀澤等在戊戌新政前後被新派提出作為正面的鄉賢象徵，借重建湘學的地位以延續傳統。重要的是，舊派實不能提出足以重建湘學地位的其它人選，所以他們只能基本默認新派的主張。戊戌新舊之爭時除

---

49 譚嗣同：《瀏陽興算記》，《譚嗣同全集》，上冊，173-174頁；梁啟超：《戊戌政變記‧附錄「湖南廣東情形」》，130頁。

50 事見郭廷以：《近代中國史事日志》，同治十一年五月二十日，北京：中華書局，1987年，影印本，上冊，565頁。

葉德輝因反對公羊學偶而攻擊到魏源外，所有舊派攻擊的範圍並不曾波及郭嵩燾與曾紀澤，則後二人的正面形象並未受到挑戰。簡單考察一下這一重建湘學傳統及象徵的過程，有助於認識湖南士風究竟是否保守。

陳寶箴在《招考時務學堂示》中說：「湖南地據上游，人文極盛。海疆互市，內地之講求西學者，湘人實導其先。」以下歷數曾國藩送學生出洋、左宗棠建福州造船廠、曾紀澤使俄不辱君命、魏源編《海國圖志》、郭嵩燾使西以還之著作，「皆能洞見隱微，先事而發，創開風氣，尤為海內所推」。[51] 這一趨新的傳承脈絡極為清晰，而「為海內所推」一語尤能道出湖南在全國形象之所在。

皮錫瑞所擬的南學會第一次講義就強調：「粵匪之亂，中興將相，多出湖南。」他在列舉了曾、唐、羅、左等以學人出而戡亂的業績後強調：「鄉先生流澤未遠，學者當聞風興起。即事權不屬，如王船山先生，抗論古今；魏默深先生，縱談海國；著書傳世，亦足以教後學。」故倡立南學會的目的就是希望「將來風氣大開，使我湖南再見曾文正、羅忠節、左文襄之偉人，再聞王船山、魏默深之偉論」。[52] 皮氏後來再論清代湖南說：「船山、默深諸公，以文學開風氣；曾、左、胡、江、羅、李，以武功致中興。於是四方推重湖南為人才極盛之地。固由地氣轉移所致，亦由鄉先生之善變也。如不變，則終如古南蠻而已矣。」[53] 他不僅確立近代湖南講學經世的傳統在此，尤突出湖南風氣正在於「鄉先生之善變」。

---

51 陳寶箴：《招考時務學堂示》，《湘學新報》，臺北：華文書局影印，1966年，第1冊，204頁。

52 皮錫瑞：《師伏堂日記》，光緒二十四年一月二十九日。後來刊出的講義甚短，不包括王、魏二人，不知是未講或僅摘要刊發。參《湘報》，第2號，頁13A-B。

53 《皮鹿門學長第十一次講義》，《湘報》，第72號，頁285B；按皮日記原稿文字稍異，參皮錫瑞：《師伏堂日記》，光緒二十四年閏三月十九日。

這一觀念顯然傳承下去，時務學堂學生林圭於戊戌當年寫信向其過去的老師敘述省城新政舉措後說：「外人以吾湘為善變，斯言不虛。」[54] 時務學堂另一學生楊樹達到一九三五年演講「湖南文化史略」，仍說「自王船山先生以後，湖南人篤信民族主義，因欲保持自己民族，故感覺外患最敏、吸收外來文化最力，且在全國為最先。如魏默深之志海圖，郭筠仙、曾劼剛之贊歐化，戊戌之辦新政，皆其例也」。[55] 更把戊戌新政與這一傳統接續起來。

而且，是否承認這一區域文化傳統對判別湖南趨新還是守舊極為重要。《湖南時務學堂公啟》說：因西人足跡不及湖南，「海內海外遂咸以守舊目湘士。然竊聞吾鄉先輩，若魏默深、郭筠仙、曾劼剛諸先生，咸於天下不講西學之日，受怨謗、忍尤詬，毅然決然以倡此義。至今天下之講西學者，則靡不宗諸先生。烏在湘人之為守舊也。」[56] 這段話當然是在「講西學」已成正面象徵時力圖為湖南形象增光，同時也說明只要認同這一區域文化傳統，湖南人就並不「守舊」。

可證明湖南守舊的還有一象徵性事件，即郭嵩燾確曾因太「新」而為湖南士人「公拒」。但此事原委尚可細析：郭本與更具威望的另一湘人左宗棠有隙，且湘人拒郭是他已先在政治上失意後出現的舉動。一般而言，湖南人不會輕易犧牲一個有希望為鄉邦大爭名譽的難得人才，而拒郭一事基本是個偶發事件。郭氏後來在湖南學界的地位仍甚高，那以後他不僅長期在書院中任山長（以山長在晚清的地位，一個真正被地方拒絕的士人決不可能久任此職），且被認為是湘學的

---

54 林圭致黃奕叟，光緒二十四年三月二十八日，《湖南歷史資料》，1981年第1輯，38頁。

55 楊樹達：《積微居回憶錄》，101頁。

56 麥仲華輯：《皇朝經世文新編》，上海：大同譯書局，光緒二十四年（臺北：文海影印），卷5上，頁22A。

主要代表之一。實際上，戊戌時的新舊兩派大致都是在郭的影響下成長起來的。前引葉德輝說「王湘潭、郭湘陰，一時號為學者所宗，鄙人亦未嘗依附」，以示其「士各有志」，最能凸顯郭嵩燾在湘學中的主流地位。假如郭氏真像有些論者所強調的那樣不為湘人所容，葉氏這段話還有什麼學術獨立的意義呢？[57]

　　湖南人的鄉邦意識本較強烈，對其缺乏全國性學者又心有所慊（前引王先謙敘述其編《皇清經解續編》時的苦衷即是顯例）。在此情形下，既然近代湖南學術文化的主源流是趨新的，任何有學術地位並且希望維持其聲譽的士人皆不能冒與前輩鄉賢完全背道而馳的風險。後來被時勢推上舊派領袖地位的王先謙，在郭嵩燾去世後曾領銜上奏請朝廷表彰郭，並為郭撰神道碑銘，這都是維護鄉賢的明確表現。且郭是王的年長好友，王後來論「朋友之道」當「求直言」說，「猶憶郭筠仙先生在時，每見先謙文，其以為可者，反覆稱美，又時時為人道之；其不可，則奮筆代定，無所假借。真能與人為善者也。」[58] 自認在學術上不追隨郭的葉德輝在「平時與及門論文」時，於「湘人則取湘陰郭養知侍郎嵩燾，謂其充實在曾文正之上」。[59] 戊戌時湖南最著名的兩位舊派領袖的態度，足以表明「守舊」決非湖南的風氣所趨。

　　魏源、郭嵩燾、曾紀澤三人被重新「發現」或被正式確定在近代湖南文化傳統主流之中，固然體現出世風的轉移，這一修改歷史記憶的有意嘗試終是以歷史事實為基礎的。不論前此湘學湘風以保守還是

---

57 有意思的是，反倒是左宗棠因與郭、王為代表的湖湘學界頗有距離而在卒後受到冷落，「自國史立傳外，其家子弟亦未求人為神道、行狀之文；以郭公與公有宿嫌，湘綺又非公所敬也」。參見李肖聃：《湘學略》，186頁。蓋彼時有資格為左寫神道、行狀之鄉賢惟郭與湘潭王，長沙王先謙的資格還有些不夠，餘不必論。

58 王先謙：《復王澤寰書》，《虛受堂文集》卷14，頁17A。

59 《郋園學行記》，119-120頁。

趨新為主，到甲午戊戌之間，自魏、郭、曾確立為正面形象並與以前曾、左一輩的趨新形象一結合，就確立了以趨新為表徵的近代湖南文化統系。湘人要維護鄉誼，就不能不沿「善變」之路而有所新。近代湖南區域文化這一主流趨向決定了守舊在那裡是不甚可取的，湘籍士人要維持已處下降趨勢的湖南在全國的地位和形象，實難完全選擇「守舊」的認同。

## 三　近代湖南排外的實際與迷思

另一方面，對近代湖南人著名的「排外」形象，也還值得稍作界定。王爾敏觀察到：湘軍的成就，堅定了湖南人的「自信心與責任心，形成極端熱忱的救世觀念，為後日政治運動的動力源泉。」但他又提出：「因為自信心的增強，衛道的意識橫亙胸臆；遂構成極深度的守舊的頑固勢力，含有強烈的排外思想，而對所有的新事物新觀念，無不深閉固拒，態度堅決，甲於各省。」[60] 自信心與責任心何以會及怎樣與趨新或保守發生邏輯聯繫，卻未見說明。通常自信者既可守舊，也可趨新。張朋園就觀察到：「湖南的保守派，其成就感與使命感決不亞於維新派。」[61]

有意思的是，多數時人和後來的研究者都一面說因湖南人排外，故對西方事物所知甚少；同時又說湖南封閉，故當地士人對外事了解不足，所以排外特甚。這在邏輯上多少有些問題。歷史當然不是邏輯地發展，士人的行為也並非總是理性的。但一般讀書人的言行，總不

---

60 王爾敏：《南學會》，101頁。王先生此文的觀念頗影響了後來臺灣一些史學研究者。如林能士就幾乎完全採用了這個觀點及前引「幡然改途」一說，參林能士：《清季湖南的新政運動，1895-1898》，2-3頁。

61 張朋園：《中國現代化的區域研究——湖南省，1860-1916》，351頁。

能太出常軌。試想湖南人既然基本不知外事，何以要排外？而且排得那樣厲害？同時還值得考究的是，湖南人究竟排的什麼「外」？這個問題大概要以專文才能徹底解決，以下僅以與近代排外聯繫最密切的教案和涉教事件為例略作分析。

呂實強綜合咸豐十年至同治十三年（1860-1874）十五年間「中國官紳反教有關大事」約五百餘條，湖南僅占六條，分別在咸豐十一年、同治元年（4條）、同治十三年。[62] 據陳銀崑的統計，1860-1874年間，全國共發生教案284起，而湖南僅有5起，居第13位；在1875-1884年間，全國共發生教案199起，而湖南僅有7起，與江蘇並列第11位；在1885-1899年間，全國共發生教案328起，而湖南有15起，與其餘四省併列第6位。總計從1860到1899年，中國共發生教案811起，而湖南僅有27起，居第11位。[63] 可以看出，湖南教案的確呈增長趨勢，但總體說來，在全國尚不能算特別排外者。尤其是1860-1884年間湖南教案數量並不算多，實看不出湘軍興起導致湖南人排外的聯繫。

如果稍換視角，從涉教檔的數量（應能大體反映出涉教事件的多寡）來考察，仍可見與上述研究接近的結論。臺北「中研院」近代史所據清總理各國事務衙門檔案編有《教務教案檔》，涉及戊戌年以前的凡六輯，共一萬二千餘頁，其中「湖南教務」篇幅不過四百頁，不論是與總量或與他省篇幅相較，都不能算特別多。下表更能具體說明之：

---

62 參呂實強：《中國官紳反教的原因（1860-1874）》，「中研院」近代史所，1985年3版，202-260頁。

63 陳銀崑：「清季民教衝突的量化分析，1860-1899」，臺灣師範大學歷史研究所1980年碩士論文，35-37頁。張朋園統計的同期湖南教案總數尚更低，參見其《中國現代化的區域研究——湖南省，1860-1916》，106-107頁

### 咸豐十年至光緒二十五年湖南與各省涉教文字數量比較[64]

| 年代 | 各省總頁 | 涉及省區 | 各省平均頁 | 湖南頁數 | 湖北頁數 |
|---|---|---|---|---|---|
| 咸豐十年至同治五年 | 1553 | 18 | 86 | 71 | 60 |
| 同治六至九年 | 1741 | 18 | 97 | 0 | 48 |
| 同治十年至光緒四年 | 1981 | 21 | 94 | 9 | 49 |
| 光緒五至十二年 | 1992 | 20 | 100 | 122 | 74 |
| 光緒十三至二十一年 | 2318 | 26 | 89 | 178 | 125 |
| 光緒二十二至二十五年 | 2133 | 24 | 89 | 21 | 51 |
| 平均值 | 不計 | 不計 | 93 | 67 | 68 |

　　從表可以看出，在《天津條約》準教士入內地傳教初那幾年間，湖南人大約不甚適應新形勢，涉教事件偏多，但仍低於各省平均數（早期的涉教事件多受地方官鼓勵，不一定代表民風）。此後直到光緒初年的十餘年間湖南基本沒有涉教事件，與其它省區涉教事件比前更有上升的情形適成反比。與前引呂、陳的統計資料參看，可知湖南這段時期確不以排外顯。故說湘軍興起造成湖南人排外的說法，大致可確定為不根之談。

　　約到十九世紀八十年代，湖南涉教檔開始激增，從不及各省平均數的十分之一到超過平均數，其中光緒十三至二十一年間超過平均數一倍。不過那正是周漢反教事件之時，檔案檔主要為相關的揭帖。據張朋園的統計，這段時間湖南教案共五起，案件數似不能算高。[65]甲

---

64 本表依據《教務教案檔》，第1-6輯（咸豐十年至光緒二十五年，「中研院」近代史所，1974-1980年）數據所制；其中「各省總頁」不包括「通行教務」文件，但包括「京師教務」。

65 張朋園：《中國現代化的區域研究——湖南省，1860-1916》，107頁。

午後湖南涉教事件可見明顯回落，又大大低於各省平均數。

總體考察，在十九世紀最後四十年間，湖南涉教文件數量與各省平均數的比值為1：0.72，與全不以排外著稱的湖北持平而實際數字稍低。涉教文字的多少不一定完全反映是否排外的實際（比如湖北這段時期共有教案43起，就比湖南27起高得多，而文字的數量卻非常接近），也有可能湖南民風的悍烈起了威懾作用，使傳教士望而卻步（這至少不適合於耶穌會士，蓋成為殉道的烈士正是他們所嚮往的理想。同時，教案最多的四川省傳教事業遠比湖南發達也表明此說難立），也許更主要的是交通不便造成湖南的中外交往不多。總的說來，除周漢案這一特例外，從湘軍興起到戊戌變法時，統計數字似不支持湖南排外明顯甚於他省這一習慣說法。

但湖南以排外著稱又的確是當時許多人的共識。要到一八九七年底，才第一次有外國人獲准正式在湖南的常德府居住，衙門張貼的保護告示說：奉旨保護傳教士，今有兩名美國傳教士江愛德（E.D. Chapin，其華名提示著他約是江戴德即 Lyman D. Chapin 之子侄）和卞良臣（F.B. Brown）在西門外賃屋居住，簽有租約。故此沿街布告，本府子民勿得騷擾生事。美國駐華代辦就此報告說：「這是外國人在湖南定居的第一例，因此頗值得注意。湖南的面積約與堪薩斯州相等，其居民向以強烈仇外著稱。」[66] 皮錫瑞也指出：耶教發展遍及全世界，並「及於中國，惟湖南省城無教堂，外府州縣亦多有之」。[67]

---

66 Charles Denby to Mr. Sherman, Dec. 16, 1897, U.S. Department of State, *Papers Relating to the Foreign Relations of the United States 1898*, Millwood, N.Y.: Kraus Reprint, 1983（hereafter as FRUS 1898）, pp. 210-211. 兩人漢語名見《教務教案檔》，第6輯，1173頁。

67 皮錫瑞：《師伏堂日記》，光緒二十四年二月二日。這是皮第二次講學的草稿，此話在實際演講時改為「今十八省都有天主教（他當共指基督教新舊兩派），湖南省外府亦有之。」《湘報》，第6號，頁22B。

　　可以說，在甲午前的一定時期內，湖南確以排外著稱，其排外的名聲很可能因周漢事件而鵲起；且因為湖南反教活動以揭帖等文字方式表述為多，流傳各省，故實際影響或大於其它一些省區。[68] 但周漢反教案有其特殊性，傳教事業在湖南並不發達，與周漢等反教的激烈，似乎提示著反教是否屬害與當地的開放及傳教事業的發展不一定成正比。林能士注意到：與他省比較，湖南反洋教揭帖「以整個中國為對象時居多，並且處處顯示湖南與中國命運的關係」。[69] 這最能說明湖南人的排外和反洋教活動以基於傳聞的想像為主：正因為湖南本身幾乎沒有定居的傳教士，故其反教只能以全國為對象，體現出一種強烈的防患於未然的意味。這與士人的文化憂患意識有很大的關係。正因其注重文化競爭，故特別為外國人所關注。

　　實際上，湖南排外守舊的形象，很大程度上是外國人協助形成的。《湖南時務學堂公啟》說「海內海外」咸以守舊目湘士，[70] 即揭示出外人參與了這一形象的塑造。以漢口為中心長期在兩湖地區傳教的楊格非（Griffith John）於一八九一年底說：「湖南排外運動的領袖是所有進步事業不共戴天的死敵，他們決心反對引進每一項新事物，不管其多麼有利於中國。」[71]《萬國公報》說：「湖南省人向未知西法為天下良法，更未知新法為今日之要法，是以逞其私見，悉力拒之。甚至奉旨設立之電杆，竟敢拔而投諸火。種種乖僻，皆自困之道也。」《國聞報》也說：「湖南士民向來勇於守舊，故中國通商數十年，而洋人之車轍馬跡，於湘省獨稀。即一切泰西利國新法，亦絲毫不能舉行。」[72]

---

68 參見呂實強：《周漢反教案》，《「中央研究院」近代史所集刊》，第2期（1971年6月）。

69 林能士：《清季湖南的新政運動，1895-1898》，1頁。

70 麥仲華輯：《皇朝經世文新編》，卷5上，頁22A。

71 *North China Herald,* Dec. 18, 1891, p. 846, cited in Lewis, "The Hunanese Elite and the Reform Movement, 1895-1898," *Journal of Asian Studies,* 29:1（Nov. 1969), p. 36.

72 《三湘喜報》，《萬國公報》，第90卷（光緒二十二年六月）；《湘撫被劾》，《國聞

　　前引江蘇人關於湖南由舊變新的描述，也極有可能自西人處轉手而來。他說：「湘中向不與外人通，讀書積古之儒，幾至恥聞洋務。西人所謂守舊之黨，莫湘人也。」[73] 連「守舊黨」的稱謂，也是西來。該文後面屢引西人西報之說，可知作者相當熟悉西人言論。其稱湘人「丕變」，也不排除轉自西人。蓋湖南人從守舊「幡然改變」為趨新，同樣也為上引《萬國公報》和《國聞報》消息所道及，似已成為在華外國人的共識（兩報均承認地方官的作用，其中《萬國公報》又特別強調教會印刷品的功能）。楊格非也於一八九七年五月發現：「長沙的一些學生顯現出對西方知識的真正渴望」，並相信湖南地方官「傾向於支持引進西學和每一種類的西方改良措施」。[74]

　　前已述及，湖南的開放與否，與排外似不構成正或反比例的關聯。與本文關係更重要的是，一個地區的開放或排外與否，與新政是否推行的直接關聯也並不緊密。湖南常德府的情形很能說明這一點。卞良臣報告一八九七年末那裡的情形說：當地「一切都非常平靜地繼續，人民友善，而官吏為保證我們平安甚為盡心。衙門走卒（Yamen runners）每日仔細地照料我們」。他確信將保護傳教的告示沿街張貼，是「這一封閉的省份以一種前所未有的方式向福音和外國人開放的象徵」。[75]

　　到一八九八年初，江愛德進而報告說：「這裡的居民對外國人比省內幾乎任何其它地區的人對外國人更友善。過去的一年中，可見甚

---

報》，光緒二十四年四月四日，均收中國史學會主編：《戊戌變法》，上海：神州國光社，1953年，第3冊，376-377、379-380頁。其中《國聞報》於光緒二十四年三月已為日本人所接辦，一般論者常將其作為中國輿論引用，未必可靠。

73　《讀湘報》（不著作者），《皇朝經世文統編》，卷106，頁23B。

74　*North China Herald*, May 7, 1897, p. 834, cited in Lewis, "The Hunanese Elite and the Reform Movement, 1895-1898," p. 36。

75　F.B. Brown to Consul Child, Nov. 12, 1897, <u>FRUS</u>, 1898, p. 211.

大的覺醒（awakening，此詞有明確的宗教含義）及對西方知識和事物的新需求。」其表現是「該城的士人正在組織學習英語的班級，並要求提供外國書籍，而更進步的人士已在討論開通一條常德與漢口之間的輪船航線」。他認為：「所有這些都是一個巨大變遷和進步運動（forward movement，此語帶有明顯的價值判斷）的證據。我們高興地看到，這一變遷和運動並不僅僅與貿易和科學相關，因為同時也出現了對基督教的新興趣。已有少數人受洗而皈依成為教徒，其它人也表現出興趣並在探詢關於主的意旨。毫無疑問，不論就貿易還是傳教事業的目的而言，常德府都是一個最重要的中心。」[76]

但常德人在新政期間似乎未表現出比其它地區更積極的態度，而省城的新派官紳在將新政往地方州縣推進時，也並不特別考慮常德的特殊性。這很能說明開放與否與新政推行的直接關聯實不緊密。在甲午戰敗的全國性大刺激下，以閉塞和排外著稱的湖南獨能努力推行新政，而開放得多的湖北便不如湖南那麼熱烈，號稱更開放的廣東和其它沿海省區大多未推行新政，已充分證明一個地區是否實行學術和政治改革，更重要的毋寧是地方官吏的態度。

## 四　餘論：官紳的互動與競爭

過去對湖南新政的研究似有低估地方官吏的作用和高估士紳作用的傾向，其實湘省主要官吏的趨新才是新政得以推行的主導力量，湖南各州縣新舊不一的情形也基本因此。廣而言之，晚清紳權在地方的作用或不如許多研究者想像的那樣有力。劉錚雲在其對咸豐年間浙江南部民間小會黨金錢會的研究中發現，清中葉以後的地方政治運作

---

76 E.D. Chapin's report, about January or February 1898, <u>FRUS</u>, 1898, p. 212.

中,士紳在地方事務上的自主性和活動餘地均甚有限,其有多大作為通常取決於地方行政官員的態度。[77] 湖南新政的發展情形相當支持這一論斷,別的許多地方亦然。

甚至在政變之後,當朝旨明令停罷學堂而各省書院照舊辦理時,兩江總督劉坤一立即上奏代為詮釋說:「夫書院與學堂,誠如懿旨,名異實同。各書院肄業士子,自應講習天文輿地以及兵法算法,未可專尚訓詁詞章。禮部所謂照舊辦理,亦即此義。」他據此一面遵旨「考試仍用制藝試帖」,同時諮行所轄各省,命「各書院於制藝試帖外,兼課經史掌故時務,以成經濟之才」。更對「稟求仍舊專課時文」的地方生監,予以「嚴行申飭」。[78] 這一詮釋與一般理解的朝旨意謂幾乎完全背道而馳,參以戊戌前江標主持湖南學務造成與他省大不相同的變化,可知那時各地士人究竟讀什麼書,主要視督撫學政的態度而定。

劉坤一對科考的復舊取表面遵奉實際違背的態度,且公開申明之,這當然與咸同後督撫地位升高有關,但仍提示晚清政治的中央集權程度或不如我們過去認知中那樣強。再參以晚清各地督撫和州縣官員對行政教育等大事可以態度不一,而在相當程度上仍為上級所容忍,揭示出「人治」社會中每一負治理責任之官吏個人有多麼大的回旋餘地。

戊戌湖南新政的推行即特別體現出地方官的作用,新舊之爭的最後「勝負」實因中央政府突然發生政變而決定,如果沒有北京的突變,戊戌時期湖南的政教大致會基本按照地方官的意旨發展。由於趨

77 劉錚雲:《金錢會與白布會——清代地方政治運作的一個側面》,《新史學》,6卷3期(1995年9月)。

78 劉坤一折,光緒二十四年十月三日,國家檔案局明清檔案館編:《戊戌變法檔案史料》,北京:中華書局,1958年,488頁。

新而非守舊是近代湖南區域文化的主流趨向所在，湖南的所謂舊派不少都贊同某種程度的改革，只不過各有不可逾越的最後準則（各人又不盡相同，所以參與程度不一，退出的先後也不一）。他們能在一定程度上參與新政，既因上有朝旨號召，更為地方官所推動。

王先謙是湖南初期新政的積極參與者，他在已領銜上呈反對時務學堂後仍說：「國家以西學導中人，亦是於萬難之中求自全之策。督撫承而行之，未為過也；紳士和之，未為過也。故從前火柴機器各公司，先謙與聞其事，確係中心之誠，以為應辦，至今並無他說。」[79] 此最能說明士紳的參與自有其對時勢的思慮，但附和督撫是一重要因素。

另一方面，因湘軍興起而已大張的湖南紳權，在戊戌新政期間確可見進一步的提升。那時任江西布政使的翁曾桂在讀了《湘報》後，即謂「湖南撫臺難做」。當皮錫瑞恭維翁「將來必升湘撫」時，翁表示「有此事即告病」。皮甚歎其「畏湘人如虎」。稍後曾入陳寶箴幕的歐陽中鵠也說「湖南官難做，自夔師〔王文韶〕後皆不討好」。皮錫瑞對翁曾桂怕到湖南為官，乃有進一層的理解。[80]

唯湖南紳權在戊戌新政期間的提升，卻是由於湘撫陳寶箴等大吏的鼓勵和提倡，而陳等有意提升士紳對地方政事的參與程度，又是出於晚清地方官調動太頻繁因而導致其實際作用銳減這一思慮，這是很值得注意的。這個問題牽涉到時人對官權、民權和議院等方面的認識與思考，只有專文討論才說得清楚。但紳權的提升在很大程度上是因大吏的主動放權，當無疑問。別處大吏不放權即官「好做」的地方，紳權就不一定大。這仍歸結到「人治」社會中負治理責任之官吏個人

---

79 王先謙：《復吳生學㲩》，光緒二十四年六月上旬，《虛受堂書札》，卷一，頁35B-36B。

80 皮錫瑞：《師伏堂日記》，光緒二十四年七月四日、九月二十五日。

所起的作用。

　　有意思的是，士紳方面也並非人人都願意自己的權力得到提高。新政的積極參與者皮錫瑞對陳寶箴提升紳權的做法即頗感疑慮。他被告知將以南學會「為議院規模，利權盡歸於紳。即右帥去、他人來，亦不能更動」。便覺「似此舉動，未免太怪。中國君主國，紳權太重，必致官與紳爭權。且恐洋人來，愚民無知，與之爭鬥，難以調停」。結果會是參與「學會議院諸人，必受其咎」。[81]

　　君主國的改革應自上而下還是從下到上（這裡的下指士紳，當時讀書人不會想也不願去發動群眾），這是皮早就在思考的問題。他於光緒二十三年九月讀黃遵憲的《日本國志》時，即對日本變法成功究竟靠什麼人領導推動感到疑問：「《志》並未言其主英武。擬倭之強，非盡由其君所致？而其創議變法者，西鄉隆盛以叛誅，大久保利通被刺。其能一變致富強者何人？豈皆井上馨、伊藤博文之力耶？」[82] 黃書實強調日本維新「志士」的作用，但皮卻注意到黃不言其主英武。則他不主張「紳權太重」應是一個持續的看法。

　　與其它參與新政的湖南官紳一樣，皮錫瑞對因主持新政之大吏如陳寶箴、黃遵憲的可能調職而造成新政難以為繼甚感憂慮。皮日記中各方面人此類言論甚多，均擔心陳、黃離湘則「無人護法」，不僅「湖南新政如何舉行」難以逆料，更恐「維新黨將為人」。[83] 說明湖南新派主要靠地方官支持，官吏換則一切均可能變。

　　正因為此，新派官吏在外患日亟的特殊情形下，特別希望通過強

---

81 皮錫瑞：《師伏堂日記》，光緒二十三年十二月一日。

82 皮錫瑞：《師伏堂日記》，光緒二十三年九月十五日。蒲地典子已注意到皮的疑問，參見Noriko Kamachi, *Reform in China: Huang Tsup-hsien and the Japanese Model*, Cambridge, Mass.: Harvard University Press, 1981, p. 216.

83 皮錫瑞：《師伏堂日記》，光緒二十四年二月七日、閏三月九日、四月十七日、四月二十七日、五月三日。

化士紳的對地方學術、治安、工商等各項事務的實際參與來維護新政的持續性。黃遵憲在南學會將此意明白講出，他強調，晚清實行的任官避籍和三年一任的制度使官如過客，並不甚知地方事務，也難以有稍長遠的計劃。故只有期望士紳起來「自治其身、自治其鄉」，將一切利弊興革視為「己憂」，並「先事而經畫，臨事而綢繆」。簡言之，「此皆諸君之事」。黃明確說：他這一主張，「譽之者曰啟民智，毀之者曰侵官權」。[84] 其對未來所寄予之希望，仍透露出當時紳聽於官的現實。

當然，咸同以後許多湖南士人自身也確實特別主動地感覺到其對天下的責任，並多少認識到中國在列強環伺下的危局。光緒二十三年皮錫瑞返湘後，某日拜訪經學家胡元儀，兩人所談並非學術，卻是「時事」。胡云：「外夷以湖南為射之鵠，英法德皆覬湖南鐵路。意以湖南強悍，先將此地收伏，以外皆傳檄定矣。」皮頗以為然。[85] 從經師對時局的關注及對局勢的分析，可知湖南士人確頗自信，認為本省在全國地位重大。而皮氏同意此分析，說明趨新的他其實與胡元儀一樣對外國人的觀念所知甚少（故能有想當然的詮釋）。但正因為並不熟知外國人真意圖，又有這樣的自視，湖南人在外患壓迫下的危機感確可能會比其它一些省的人更強。[86]

有此自信和對時局的憂慮，再加上湘人固有的強悍風格，湖南士

---

84 《黃公度廉訪南學會第一、二次講義》，《湘報》，第5號，頁17B-18A。

85 皮錫瑞：《師伏堂日記》，光緒二十三年十一月九日。

86 許多論者常引「湖南興則天下興」一類言說來證明湖南人的自信自尊，這類慨歎的確最能反映時人心態，卻不必視為實錄。否則也有湖南人說「孔教不亡則已，亡則將自湖南始；黃種不滅則已，滅則將自湖南始；中國不波蘭印度非洲則已，波蘭印度非洲則愈將自湖南始」（張翼雲：《論湖南風氣尚未進於文明》，《湘報》，第57號，頁225B）。其視湖南甚重的關懷全同，而所申論則迥異。若據以說湖南人無自信且自卑，可乎？

紳本不待提倡就可能自動參與和干預地方事務。黃遵憲在「啟民智」時考慮的只是官紳的對應關係，但士紳卻不是一個觀念一致的社群。當士紳真的響應黃的號召起而「自治」時，他們中一些人對時局的認知及其因應之對策卻未必與官方同。後來湖南事態的發展，正展現出這樣一種具有弔詭意味的結果。由於新派實際是以地方官為主導，湖南新舊之爭在相當程度上體現出官紳之爭的蘊涵（從這個角度看新派士紳的參與反被淡化）。後來北京的政變不在新舊雙方的預計之中，但造成舊派在湖南新舊之爭中實際獲勝。這一結局並未反映出湖南官紳權力強弱的實際對比關係，故雖是現實卻帶有虛擬意味，惟湖南紳權復因巡撫、學使、鹽道的敗落這一半帶虛擬的真實而進一步趨重。

張朋園注意到：後來王先謙等挾戊戌「戰勝新政派的餘威，使主張開放社會的官僚派一籌莫展」，[87] 實有所見。葉德輝的弟子後來記述：「湖南紳權過重之謠」和「王、張、葉、孔四大紳士把持省政之謗」漸成固定認知，「以致外來官吏不由湖南起家者，往往誤聽人言，先謀應付之策」。[88] 不過官紳間的持續競爭是晚清的共相，似不必也不能全從新舊角度觀察；湖南後來也曾出現紳新官舊的現象，更多時是官紳之新舊相近，仍存在競爭。

但戊戌時的「戰勝」卻有明顯的促進作用：戊戌當年的舊派士紳基本還是被動反擊，到後來則氣焰真有點囂張不讓人。在戊戌的第二年，新巡撫俞廉三即又與地方紳士易順鼎起矛盾。而前舊派要角孔憲教敢與張之洞爭，也頗使原來偏向舊派的俞頗感為難。孔「自云不避權貴，俞中丞甚畏之，日趨其門」。一向不主張紳權太重的皮錫瑞對此慨歎道：「湖南紳士太霸，禍未已也！」[89]

---

87 張朋園：《中國現代化的區域研究——湖南省，1860-1916》，370頁

88 《郋園學行記》，136-37頁。

89 皮錫瑞：《師伏堂日記》，光緒二十五年五月七日。

俞本「出身佐貳」，沒有功名，又不以應變之才見長，所以不得不既尊上級又對士紳退讓。庚子年唐才常等的自立軍（富有票）事發，俞廉三「為張文襄函電所迫，窮治不免株連」。葉德輝乃為進言，說「此輩書生無非受人誘惑，文襄貌似風厲，實欲嫁禍鄰撫，自居解網之仁」。俞有所悟，遂漸寬放，「是案全活之人無數」。[90] 這是葉德輝弟子的記載，或不免有誇大老師作用之嫌。但據皮錫瑞日記，當時湖南對此事確甚寬鬆，極少株連，因參與者多官紳子弟也。俞本人在審訊汪某時，即明「飭勿援他人」。[91] 故此事雖不必全因葉德輝維護鄉人而致，然上既有令，且富有票人中多戊戌時的新派少年，倘若葉等舊派不主張放鬆，俞未必能寬放。

總體觀察，戊戌後湖南的官紳關係基本仍視巡撫個人背景與個性而定，官強則紳弱，官弱則紳強。光緒二十九年，素稱強硬且明顯趨新的巡撫趙爾巽奉朝廷興學詔旨，改嶽麓書院為高等學堂，山長王先謙等雖不滿意，也只能敢怒不敢言。一年後趙他調，溫和的陸元鼎署湖南巡撫，王先謙等立即反擊，以紀念曾左胡羅等前嶽麓學生為名，稟請另建嶽麓景賢堂，該校定額三百名，其規模為長沙所有新式學堂的總和。此事經陸元鼎上奏而獲朝廷批准。在戊戌變法後幾年間，湖南學界應該說為舊派所把持，但陸元鼎到光緒三十年仍感到湘省教育的弊病之一正是「以激烈為宗旨」。[92] 這固然與近代湖南文化主流不無關係，也當與趨新的趙爾巽任湘撫有關。趙在則湖南新，而紳亦不多事；趙去即不然。可知湘省事務的主動權仍在官吏一方。

---

90 《郋園學行記》，130頁。

91 皮錫瑞：《師伏堂日記》，光緒二十六年八月八日。

92 《署湖南巡撫陸（元鼎）奏湘紳建立嶽麓景賢堂摺》、《諭折匯存・光緒三十年十一月十日之陸奏》，轉引自張朋園：《中國現代化的區域研究——湖南省，1860-1916》，177、194-95頁。

　　范文瀾說：「湖南新舊兩派長期猛鬥，直到庚子年（1900年，即光緒二十六年）唐才常自立軍起義失敗後，頑固派屠殺維新派一百餘人，才暫時取得了可恥的勝利。」[93] 這樣從較長的時段觀察湖南新舊之爭，眼光比就事論事者高遠得多，頗給人以啟發。惟如前所述，當時「頑固派」並不特別想要「屠殺維新派」，而其「勝利」也是短暫的。湖南的新舊之爭因與清季逐漸明顯的官紳之爭糾纏在一起，到一九〇〇年仍未完全結束。要到一九一〇年的搶米事件，官與紳兩敗俱傷，均遭嚴厲處罰，特別是戊戌時的舊派主將王先謙、葉德輝等悉被貶斥，這一持久的鬥爭才基本完結。

　　葉德輝在一九二三年為王先謙的《虛受堂書札》作跋時指出：他本人和王在宣統庚戌米荒獄中，「同為當事羅織掛吏議」的原因，就在於他們在戊戌變法時「同持正義，觸忤異己」。當時「雖幸免於禍，至是十三年，卒罹黨錮」。可知他們在搶米事件後的被黜，確伏因於戊戌之時。這一官紳與新舊的鬥爭，持續了十三年。此事既了結，而清廷的統治也於次年隨之結束。此後湖南當然仍有各種新舊之爭，但與戊戌前後那一次從人員組合到思想路向都已沒有很直接的關聯。只是從民初湖南省治運動的洶湧澎湃之中，還依稀可見戊戌前後官紳講求「自治」的吉光片羽。

　　　　　　　　　　　　　　　原刊《近代史研究》一九九八年五期

---

93 范文瀾：《中國近代史（上冊）》，北京：人民出版社，1955年，302頁。

# 思想觀念與社會角色的錯位：

## 王先謙、葉德輝與戊戌前後湖南新舊之爭

　　一百年前的戊戌變法無疑是中國近代史上一個具有轉折意義的象徵性事件。變法本身雖以「失敗」而告終，但中國許多事情的確從此而轉、因此而變。其中一個長期影響此後歷史的轉變，就是新舊之分的明顯確立與新舊之爭的持續進行。「新黨」與「舊黨」等群體認同詞彙在近代中國獲得較有共識的明確指謂，大約即在戊戌變法前後。[1] 故時人有「自六烈士殺，而新舊涇渭於是分」的說法。[2] 而在新政推行較早的湖南，新舊之分在戊戌前一年即已基本確定，惟新舊兩派尚不到水火不兼容的程度而已（詳後）。故研究戊戌變法時期的新舊之爭，最宜首先考察湖南的情形。

## 一　引言

　　關於戊戌變法前後的湖南新舊之爭，最早的著述，開始於當事人梁啟超在戊戌政變當年的記述。[3] 而有些迷思（myth），也就起源於梁。近幾十年來，學界對此已有相當數量的論著刊布。這些論著多數

---

1　這也可見西方的影響，如前文所引述，「守舊黨」的稱謂，即可能是西來的。

2　李群：《殺人篇》，《清議報》88期（1901年），轉引自張枬、王忍之編：《辛亥革命前十年間時論選集》，卷一上，北京：生活・讀書・新知三聯書店，1960年，23頁。

3　梁啟超：《戊戌政變記・附錄二：湖南廣東情形》，《飲冰室合集・專集之一》，北京：中華書局，1989年影印，129-146頁。

發表在六、七十年代之際，近年也仍有頗具分量的文章。[4] 百年的研究澄清了不少史實（特別是黃彰健的研究，對新政和新舊之爭的史實逐日重建，有可能時更儘量釐清同一天內事件發生的先後，其嚴格的態度頗值取法），對理解這一事件打下了較好的基礎。近年又有一些新的史料刊布，這個題目本身也還大有探討的餘地。

實際上，過去已發表的資料仍未得到充分的利用，這部分因為多數研究者都帶有明顯的先入為主的傾向。[5] 其一個表現是大量依據當事人如梁啟超和熊希齡當時爭辯的文字，而較少加以必要的甄別。如熊希齡說：梁啟超初來時王先謙等均甚熱情，而葉德輝與梁交往尤多。這大致屬實，蓋先參與新政而後來轉成舊派的士紳如王先謙曾任國子監祭酒、龍湛霖曾任刑部侍郎、湯聘珍曾任山東布政使，且年輩亦高；惟葉始中進士數年，官不過吏部主事，與梁年輩最為接近。但熊說葉要他的學生從梁學《公羊》，則最多不過是葉的客氣話，更有

---

4 如鄧潭洲：《十九世紀末湖南的維新運動》，《歷史研究》，1959年1期；黃彰健：《戊戌變法史研究》（「中研院」歷史語言研究所專刊，1970年）中的數篇長文；林能士：《清季湖南的新政運動，1895-1898》，臺灣大學文學院，1972年；小野川秀美：《戊戌變法與湖南省》，李永熾譯，《大陸雜誌》，39卷9期（1969年11月）；Charlton M. Lewis, "The Hunanese Elite and the Reform Movement, 1895-1898," *Journal of Asian Studies*, 29:1 (Nov. 1969); Noriko Kamachi, *Reform in China: Huang Tsup-hsien and the Japanese Model*, Cambridge, Mass.: Harvard University Press, 1981, chap. 8；湯志鈞：《戊戌變法史》（北京：人民出版社，1984年）的第4章及《戊戌時期的學會和報刊》（臺北：商務印書館，1993年）的第5章；周秋光：《熊希齡與湖南維新運動》，《近代史研究》，1996年2期。

5 這一傾向也始於梁啟超，他在1924年撰《近代學術之地理分布》，論湖南時最後已述及皮錫瑞和譚嗣同（《飲冰室合集・文集之四十一》，77頁），卻隻字不及葉德輝。其實若從民國湘學反溯晚清，則民國湘籍學人最有成就者或當推楊樹達和余嘉錫，楊固從葉氏學，而余所長的目錄學也正是葉最為人稱道者，皆恰好接續在葉氏一途。傳人當然不是衡量學術的唯一標準（譚早逝不必論，皮卻長期授學於鄉，其學似未見承續），但能有大成就者皆出一途，至少說明葉的學術地位實被忽視。

可能是熊興之所至的發揮；與葉平日觀念，全不相符。[6] 稍作甄別，當知不足據。而這幾句話因對葉形象不利，恰為人引用最多。

另一個特點則是非常關注激進的死難者如譚嗣同和唐才常，卻較少注意即使在新派一邊卻不那麼激進的陳寶箴、黃遵憲、徐仁鑄、熊希齡等，而對實際參與新政甚力的陳三立、皮錫瑞、蔣德鈞和歐陽中鵠等更基本忽視。這一傾向直接導致關於新政和新舊之爭最為詳盡的史料，即已摘選刊發的《皮錫瑞日記》，卻幾乎最少得到使用（黃彰健除外）。而舊派方面在當時即已積累的大量資料，更是除了摘取其有助於說明新政的一些字句外，對其自身的觀念和言論，幾乎都是以點到為止的方式偶而摘引（且大家所引都是差不多的幾句），餘則較少理會。[7]

所以，迄今為止的研究，雖然已對此事的認識與理解做了很多重要工作，仍基本是只給新派一邊以發言權，而很少予舊派以申述的機會。這無疑是先入傾向極強的單方面歷史詮釋，與原本的史實恐怕有相當的距離。實際上，即使僅僅想要了解新派的觀念和行為，也必須給對立面以發言權，然後可得到接近原狀的認知。只有對新舊雙方的心態、觀念和行為及其互動有比較深入而接近原狀的認識，我們才能對戊戌變法這一近代中國極為重要的政治事件有更進一步的了解。[8]

---

6　熊希齡致陳寶箴，《湘報》，北京：中華書局，1965年影印本，第112號，頁446A-B。

7　一個例外是陳鑾的《戊戌政變時反變法人物之政治思想》，《燕京學報》第25期（1939年6月）。

8　以今日的後見之明看，戊戌變法前後湖南乃至全國的所謂「新派」並不全新，他們對「新政」的參與和接受有不同程度的區別。而「舊派」也並不全舊，他們大都支持甚至提倡某種程度的革新。但對當時人來說，新舊兩黨的人員分野基本是清晰的，新舊之爭的存在也的確是時人的共同認知（新與舊正是當時人使用的語彙），故本文使用新派、舊派這樣的詞彙，主要指謂他們不同的群體積累認同，而並不意味著他們在思想及行為上都截然對立。

何況舊派的言行本身就非常值得關注：戊戌變法時的湖南舊派並不能預知我們今日已知的後來變化，故他們在相當時期內是冒著直接與皇帝及其在湖南的代表巡撫作對的政治風險。除非我們認為晚清政治運作相當自由和開放（多數人顯然不同意），否則就必須深入分析是什麼因素促使這些讀書人有這樣的大膽表現。由於舊派在現存研究中基本處於程度不同的「失語」（voiceless）狀態，我們對湖南舊派人物的認知大致不出近代「頑固派」或「保守派」的固定形象，在此基礎上產生出的既存詮釋似難以解釋舊派人物何以能有這樣的政治膽量。而這一問題又與晚清的政治運作、中央與地方的關係、朝野關係、及官紳關係等一系列重要面相密切相關，實不容忽視。

可以說，一個比較全面的丁酉戊戌時期湖南新政及新舊之爭的動態歷史圖像還有待於重建。這樣的重建至少需要一組立足於實證的系列文章，本文只是其中一個不大的側面，希望能儘量減少研究者先入為主的成見，採取朱熹所說的「虛其心」（open mind）的態度來對待當時湖南一些舊派代表人物的言行；並盡可能將他們在丁酉戊戌期間的言行置於此前此後較長時段內他們觀念與行為的脈絡以及與當時新派人物的互動這一縱橫框架中進行考察，庶幾對其「不得不如是的苦心孤詣」（陳寅恪語）得出一個比較貼近史實的認知。不敢言拾遺補闕之功，僅期收拋磚引玉之效。

從全國語境看，甲午中日戰爭後真正純粹的守舊派幾乎已不存在。即使是惡西學如仇讎、據說主張「寧可亡國，不可變法」的徐桐，也強調中國自己應「一意修攘，圖自強」。徐以「頑固」著稱於史書，他使用的「話語」固有傳統如「修攘」者，到底也包括流行不久的「自強」一類，最能體現舊中有新的時代現象。陳鍫和湯志鈞早就注意到，甲午後，連「握有軍政實權的後黨官僚」如王文韶、榮祿等均提出了改革的主張。兩人都在戊戌變法前後得到重用，後者尤被

視為反對新政的核心人物。而這兩人恰是新政的重要推動者湖南巡撫陳寶箴的先後薦主，特別陳任湘撫正是榮祿舉薦；陳後來能僅受革職的處分，大約也因此。所以湯先生說陳「原屬後黨」。[9]

再往上考察到最高層次，如果沒有長期實際主政的慈禧太后的首肯，從咸同時開始推行並在後來得到進一步推進的洋務或自強活動，以及在士林中連帶而起的趨新思潮，應該說幾乎都難以發展。其實慈禧太后對外國人和外國事物的態度並不像一般認知中那樣僅有「保守」一面。就在戊戌變政後不久，她也曾對外國人表示友好。西曆一八九八年十二月十三日，慈禧太后首次接受了七國公使夫人面賀她六十四歲萬壽。主政的太后有此姿態，必然影響餘人的態度。正如美國公使的報告所說：「在中國歷史上，這是皇后或太后第一次接見外國夫人們，故可期望由此將產生某種善果。可以相信，這一接見將在皇宮內引起觀看和了解西人和西方事物的願望；而當廣大中國人民普遍得知太后本人願意接見並招待外國人時，他們〔對外國人與事〕的反感會部分減輕」。[10]

因此，到十九世紀後期，中國朝野所謂「守舊」，大致都不過是相對而言。當然，由於近代中國思想社會發展有明顯不同步的特徵，存在一些區域性的例外也是可能的。過去不少人將近代湖南區域文化的守舊和排外視為導致一些士人守舊的基礎因素之一，這當然不全是無根之談；但以曾國藩那一代人鎮壓太平軍起義而導致「湘運之起」為轉折，湖南在全國的地位可見一個從邊緣到中心的明顯過程。而那

---

9　陳鼙：《戊戌政變時反變法人物之政治思想》；並參見湯志鈞：《戊戌變法時滿清統治階級內部各派系的分析》，收湯著《戊戌變法史論》，上海：群聯出版社，1955年，9-12頁。

10　E.H. Conger to Mr. Hay, Dec. 14, 1898, U.S. Department of State, *Papers Relating to the Foreign Relations of the United States 1898*, Millwood, N.Y.: Kraus Reprint, 1983 (hereafter as FRUS 1898), pp. 223-24.

一代湖南人又恰是推動中國洋務或自強運動的核心人物，他們形成的
湖南在全國的形象，也就是近代湖南區域文化的主流趨向，顯然是趨
新而不是守舊。故近代湖南的區域文化不應該是導致部分湘籍士人守
舊的重要因素。[11]

在晚清的「人治」社會中，一個地區是否實行政教改革，地方官
的態度至為重要。可以說，甲午後湘省主要官吏的趨新是新政在那裡
得以推行的主導力量。既然趨新而非守舊是近代湖南區域文化的主流
趨向所在，而實行新政又上有朝旨支持，更為地方大吏所推動，湖南
的所謂舊派不少都在一定程度上參與新政，且他們實從內心贊同某種
程度的改革，只不過各有不可逾越的最後準則（各人又不盡相同，所
以參與程度不一，退出的先後也不一）。同時，他們中相當一部分人
也還有更為深遠的關注和思慮。

清季湖南舊派並不全舊這一點不少人都已論及，惟其內心世界和
真實思想及其對國情的實際認知，迄今未得到足夠的關注。對這些人
在多大程度上是內心願意參與新政，還是因學堂等本是詔書規定辦且
由現任巡撫主持故必須適當表明支持的態度，應有更細緻的區分。同
時，他們中相當一部分人顯然有一個始新而轉舊的過程，何以會如
此，更應做認真的考察。其實舊派諸人也有很大的不同：其中最受矚
目的王先謙與葉德輝就有所不同；以學術名的王、葉後來雖與那些學
問不深的舊派士紳結為反新同盟（並因其學術地位而為該同盟提供了
有力的正當性），其心態和思慮也有相當大的區別。全面分析舊派諸
人的觀念異同只能另文為之，以下僅以王、葉為例，簡略考察當時湖
南士紳的新舊異同。

---

11 本段與下段，參見羅志田：《近代湖南區域文化與戊戌新舊之爭》，《近代史研究》
1998年5期。

## 二 舊中有新：王先謙、葉德輝對國情的認知

王先謙半屬自強或洋務運動時代之人，從光緒初年起，他長期主張加強海軍、對外通商而內興工藝；始終強調強國在富，富靠工商，特別要中國學習引進西方的器物工藝，以建立自身的工藝與外國競爭，從而抵抗西方的「經濟侵略」（他未用此詞）。蓋「中土工藝不興，終無自立之日」。但他與所謂洋務派觀念也有所區別，而認為發展工業是軍事的基礎，反對「言製造以火器為先，而工政與軍政不辨」的觀念。[12]

當時包括張之洞在內的維新派的基本思路是：甲午一戰表明僅僅學習西洋的工藝已不足以救國，亦即以注重「製造」為標幟的自強運動已被證明為「失敗」，則注重學習工藝的取向不是中國正確的選擇。所以張明確提出西學中「西藝非要，西政為要」。[13] 但王先謙則認為不是學習工藝的取向有問題，而是根本沒有把西方的工藝學到手。換言之，注重「製造」的取向並不錯，錯在貫徹得不夠深入徹底。甲午戰敗也並不證明以前建設海軍的錯誤，只表明海軍建設得不夠。特別是戰後幾年竟不再加強海防，正在於沒有弄清列強並非僅僅「志在通商」，其實別有他圖這一要害。[14]

王先謙素主變法，他到民國時仍指出：晚清「外患紛乘，群思變法，可謂有大順之機矣」；可惜清廷「任非其人」，方法也不對，終致

---

12 王氏這方面的言論在其書札和文集中比比皆是，本段中引文在其《復畢永年》,《虛受堂書札》，1932年葵園四種版，卷一，頁33A；《工商論》,《虛受堂文集》，葵園四種版，卷一，頁10A。

13 參見羅志田：《西潮與近代中國思想演變再思》,《近代史研究》1995年3期。

14 王先謙：《海軍論》,《虛受堂文集》卷一，頁8B。按此文作於戊戌年，約在政變之後。

覆亡。蓋「政不一端，安民而已。未有民本安而行一政以使其不安者」。如果「必吐棄一切政令，事事效法西人，以為如是則自強；恐強之效不章，而安之象已失」。實際上，中國之所以「紛紜廿年，一無所得，即師法泰西成效章著之日本，懵不知亦趨亦步」；即在於自己號稱「事事考求西法，兼能自出新意」。隨意變革西法以見自出之「新意」，結果是連西法也學不到手，反生破壞的效果，這才是最可怕的。[15]

由於其一貫的思想，王先謙是湖南初期新政的積極參與者，包括時務學堂在內的許多新政機構，都是以王領銜稟請開辦的。故他曾被更「僻陋」的舊派視為新政要角，王後來自述說：「從前學堂之事，外人以為先謙主持，群相指謫」。直到他又領銜簽署反對新政的《湘紳公呈》後，王仍認為「湘人儼分新舊二黨」並非因為「趨重西學」所造成。蓋「所謂西學者，今日地球大通，各國往來，朝廷不能不講譯學。西人以工商立國，用其貨物，腴我脂膏。我不能禁彼物使不來，又不能禁吾民使不購，則必講求工藝以抵制之，中國機庶可轉。故聲光化電及一切製造礦學，皆當開通風氣，力造精能。國家以西學導中人，亦是於萬難之中求自全之策。」因此，「從前火柴機器各公司，先謙與聞其事，確係中心之誠，以為應辦，至今並無他說」。[16]

從當時已具新舊象徵意義的輪船公司的興辦，也可見王先謙比一些主要新派人物的觀念還要更「新」。他領銜的《湖南紳士請辦內河小火輪船稟稿》說，「從前湘人恐因輪船致引外人入於內地，又恐民船盡失生涯」，近來已「風氣日開」，對輪船見慣不驚。且新條約已準

---

15 王先謙：《太息論》，《虛受堂文集》卷一，頁20A；《復岑中丞》，《虛受堂書札》卷二，頁73A；《五洲地理志略序》，《虛受堂文集》卷三，頁40B-41A。

16 王先謙：《復吳生學棫》，光緒二十四年六月上旬，《虛受堂書札》，卷一，頁35B-36B。

西人貨物通行各省，「與其本地利權全付他人，孰若本地之人自立根基。或可免異日喧賓奪主之患。是以從前不願舉辦輪船者，茲皆極稱輪船有利無害，宜速無遲」。《稟稿》強調：興辦此事是因「目擊時艱，冀維桑梓；忱他人之我先，懷利權之宜挽」。[17]

張之洞一開始反對此事，他說：「聞比年以來，湘中士大夫講求洋務，考究機器，專立書院，研究西法，輒為之神王眉飛，頌祝勸贊，以速其成」。但他認為，「此事行於下江一帶，固屬有利而無弊，行於湘中則尚有不盡然者。西人覬開湘省口岸久矣。徒以風氣未開，若遠人麇至，易滋事端。故每婉謝彼族，冀緩歲月」。且「湘中民情，見異族異教如仇」。雖說「近年風尚，漸見轉移。然湘中士氣素堅，民習素強。其持迂論守舊說者，恐仍不少。雖有通達時務之薦紳先生，恐亦不能遍行勸導阻止。設一有釁端，必致牽引大局」。[18] 張之洞對湘情顯然有所了解，他知道湘人趨新者已日眾，但王等號稱眾人「皆極稱輪船有利無害」，恐不無誇張成分。

陳寶箴電覆張，指出如今「外夷來與不來，不在我引與不引」。新派皮錫瑞最同意這一觀點，視為「破的之論」。蓋「恐輪船鐵路引洋人來者，此前一二十年情形。今中國已不國，彼欲來則來，何須人引」！後來皮在南學會講學中也反覆申明：對於洋人，「既不能阻之不來，惟有講求抵拒之法」。如果「我不亟行輪船，彼將來立碼頭；我不急行火車，彼將來開鐵路；我不急興保衛，彼將來設捕房。與其待彼來辦，權柄一切屬人，何如即早舉行，將來尚可自固。若事事疑

---

17 《湖南紳士請辦內河小火輪船稟稿》，《湘學新報》，臺灣：華文書局，1966年，影印本，第1冊，190-192頁。

18 張之洞：《與陳右銘》，光緒二十二年十二月二十八日，《張文襄公全集》，北京：中國書店，1990年，影印本，第4冊，848-849頁。

滯，人人阻撓，他人先我，追悔何及！」[19] 其與王先謙等一樣的急迫心態，躍然紙上。

可以說，主動先變則法操在我是當時許多湘士的共識，少壯新派如羅棠也說：「湘省地接長江，英人尤為覬覦。……我今默運全籌，預爭先著；防太阿之倒授，握固有之利權」[20]。進而言之，類似觀念在全國許多地方都可見，說明這一共識的範圍還更廣泛。梁啟超在大約同時就說：「今日非西學不興之為患，而中學將亡之為患。風氣漸開，敵氛漸逼，我而知西學之為急，我將興之；我而不知，人將興之。事機之動，在十年之間而已」[21]。王先謙和皮錫瑞也都分享著相似的見解，但皮氏的出發點在於被動地「講求抵拒之法」，似尚不如王氏積極主動。

在一定程度上，輪船等西來新生事物在當時對中外雙方以及中國的新舊雙方恐怕都是象徵意義大於實際意義。傳教士江愛德（E.D. Chapin）在一八九八年初報告說：常德府居民「在過去的一年中可見甚 大的覺醒及對西方知識和事物的新需求」，那裡「更進步（the more progressive）的人士已在討論開通一條常德與漢口之間的輪船航線」[22]。將「討論開通輪船航線」作為「更進步」的表徵，輪船在這裡的象徵意義是很明確的。

對輪船這一涉及「西方」的關聯象徵，各方的態度頗不相同：傳教士在其中看到「進步」，湖南新派中的唐才常、熊希齡等也多看到其正面價值；而張之洞和皮錫瑞等則甚慮洋人之來與不來。一則以

19 皮錫瑞：《師伏堂日記》（1897-1900年的皮錫瑞日記分四次選刊在《湖南歷史資料》1958年第4輯、1959年第1-2輯、1981年第2輯，以下僅引年月日），光緒二十三年十一月二十四日，光緒二十四年閏三月二十九日。

20 羅棠：《論湘鄂創辦小輪公司之益》，《湘報》，第46號，頁181A。

21 梁啟超：《西學書目表後序》（光緒二十二年），《飲冰室合集・文集之一》，126頁。

22 E.D. Chapin's report, about January or February 1898, <u>FRUS</u>, 1898, p. 212.

喜，一則以憂；對這類事物的態度，最能判斷是真新還是真舊，或到底在多大程度上新與舊。通觀皮錫瑞的日記，可以說他在對輪船鐵路等新事物的態度上，不僅比主辦此事的熊、蔣等更舊，甚至比王先謙等也不見得更新。王雖與皮觀念相類，至少比皮更主動（按張之洞的劃分，王正是「通達時務之薦紳先生」，乃負有「勸導」之責的先知先覺者）。

後來成為舊派另一主將的葉德輝要年輕得多，洋務或自強運動在他身上的影響不特別明顯。但他對西方和學西方的認識也與我們平常認知中的守舊派頗有距離。葉在戊戌爭辯時頗重「夷夏之防」，大概出於一種防衛意識。其實他後來教弟子時並不以夷狄視外國。如對修《清史》，他就以為：雖然「前史皆有《外夷傳》，此亦當有變更。自海西棣通，列強已成。彼國從前即修職貢，並非藩服稱臣。此當名實相孚，易名《外國》」。庚子時盡驅教士的「朝旨日數至」，湖南巡撫擬奉諭張貼。葉隨即進見，謂「告示一出，搗毀教堂之案必紛紛而起，無論戰事利鈍，終歸於和，彼時賠償之費將何所取」？故他建議湖南暫不奉詔。[23] 說明葉氏實不主張胡亂排外。

葉德輝對西方文化也不輕視，他認為天理人心，中西皆同。故尤其不欣賞「自來中國之士攻彼教者失之誣，尊彼教者失之媚」的現象。那些「謂西人無倫理者，淺儒也；謂西教勝孔教者，繆〔謬？〕種也」。他對中西文化競爭尚有信心，相信「孔教為天理人心之至公，將來必大行於東西文明之國」。故「孔不必悲，教不必保。忠信篤敬，可以達於殊方；魑魅罔兩，可以消於白晝。漢制雖改而不改，民權不伸而得伸，由亂世而昇平而太平」。[24]

---

23 楊樹穀、楊樹達記，崔建英整理：《郋園學行記》，《近代史資料》，總57號（1985年4月，以下徑引書名），118、131頁。

24 葉德輝：《郋園書札·明教》，長沙中國古書刊印社1935年《郋園全書》匯印本，頁39A-43B。

最後兩句尤其值得注意：葉氏不僅暗中也受公羊家三世說的影響，且實際上把改漢制（這裡的「漢」是針對「西」而言）和伸民權視為長遠的努力目標。他曾說：「中國自同光以來，亦頗採用西藝，要非全不變法者。何以中東一戰，遘此奇變？則以軍械不備，上下離心故也。」而「凡人有自私自利之心，不足與議國事；人具若明若暗之識，不足與論民權」。很顯然，葉並不排斥民權本身，不過因為戊戌前後的中國國情是上下離心、一般人多心自私而識不明，故尚「不足與論民權」。[25]

葉德輝已認識到：「今日之時局，法誠弊矣：士不知學，民不知兵；百里之外，風俗不通；九州以內，地利未盡。製造興則仕途多無數冗員，報館成則士林多一番浮議。學堂如林，仍蹈書院之積習；武備雖改，猶襲洋操之舊文。凡泰西之善政，一入中國，則無不百病叢生。故鄙人素不言變法，而只言去弊。弊之既去，則法不變而自變矣。」可知他本承認泰西有善政，中國應變法。所謂製造、報館、學堂、武備等，本身都不錯，只是中國人自身弊重而未能運用得法。

從根本言，葉認為「古今無百年不變之學」，故「不通古今，不得謂之士；不識時務，不得謂之俊傑。班固欲人通萬方之略，馬遷蔑儒者博而寡要、勞而少功。此二者當互觀其通，各救其失。今之視西藝若仇讎者，一孔之儒也；藉時務為干進者，猥鄙之士也。深閉固拒，問以環海各國之政教，茫然不知謂何，所謂不通萬方之略者也；襲高郵王氏之頹波，理倉山主人之舊業，所謂博而寡要、勞而少功者也」。因此，「於學之有益於己者，當博觀而約取之；於學之有用於世者，當兼收而並蓄之。用夏變夷，則必入穴以探虎」。[26] 則他不僅不

---

25 本段與下段，參葉德輝：《郋園書札・答人書》，頁22A-B。
26 葉德輝：《郋園書札・與石醉六書》，頁3A。

反對西學，實主張入西學之穴以探虎，兼收並蓄「學之有用於世者」。

　　葉德輝注意到：當時江南學界大講顏回、子貢，湖南時務學堂則傳授「公羊、孟子之教」，這都是「所學非所用」。蓋「西人之勝我者，輪船也、槍炮也、製造也」。[27] 他強調：「中國欲圖自強，斷非振興製造不可。」甚至對於維新人士所談的「易服」問題，他也主張「衣冠服色，能否劃一，則不可知。顧世宙日進於文明，則人情日趨於簡易。袞冕之煩重，且變為大清之冠裳。則自今以後之文章，何不可以臆斷。惟是談時務者以為變法必先變服，則又昧本之談」。中華乃堂堂秉禮之國，不必襲彼族之皮毛。關鍵在於，「若捨此〔製造〕不顧，非獨易服色不能強，即不纏足亦豈能強」。[28] 葉氏把中國傳統看得極重的服色也視為皮毛而可以易換，然一再強調當學西方所長的「製造」；這已非是否「舊」的問題，而是已「新」得超出一般儒生的見解了。

　　當然，與王先謙一直側重工商層面的中外競爭並長期身與製造業不同的是，葉德輝更重視中西文化競爭（詳後），而基本未直接涉入工商層面。只有在光緒二十八年時，他曾應洋務局總辦蔡乃煌之邀，為涉及奧商開採礦產之合同簽字作證。[29] 熊希齡直到光緒三十二年還在攻擊葉串合外商，偷賣礦產。[30] 則葉雖未直接參與礦業經營，到底表

---

27 葉德輝：《郋園書札·與劉先端黃郁文兩生書》，頁7A。

28 葉德輝：《郋園書札·與俞恪士書》，頁32A-B。

29 「中研院」近史所編：《中國近代史資料彙編·礦務檔》，臺北「中研院」近史所，1960年，第4冊，2503-2507頁。按葉於此事的捲入程度現存湖南礦務檔案不詳。張朋園據此稱葉「更進而與奧商訂約開採銻礦」（參見其《中國現代化的區域研究──湖南省，1860-1916》，中研院近史所，1983年，130頁），不知是否有進一步的依據。

30 熊希齡：《奏為湖南劣紳把持新舊攻擊恐釀事變摺》，1906年6月，周秋光編：《熊希齡集》，長沙：湖南出版社，1997年，上冊，131頁。

現出一種認可的姿態。若對比山西舉人劉大鵬到民國初年為謀生而不得已「棄儒就商」經營小煤窯，仍認為大失「耕讀為家」的身分，寧願以「老農」為其身分認同的心態，[31] 王、葉都是名副其實的新派。

過去中國有一句流行的話：不見其人觀其友。從交遊看，王先謙和葉德輝本都不全與舊派來往。他們與久宦湖南的陳寶箴皆有舊交：陳初到任，王即曾獻練兵之策，勸陳學曾、胡自為統將。他後來說：「弟為此言，亦稔知義寧立體尚正，馭下頗嚴，果能如此練兵，湖南營務，可望起色。然義寧未能用也。」在陳未任湘撫前僑寓湘中時，葉德輝「即與相識」，並因與其子陳三立「同官吏部，往來亦頗相親」。只是後來陳主張變法自強，「二三新進少年遂乘隙而入」，南學會、時務學堂中「學說乖謬，湘中耆舊皆不謂然」，葉才開始著文反對新政。[32]

攻擊新派最力的葉德輝，其交遊實兼新舊。他於一九二二年寫《壬戌感逝詩》共懷十三亡友，序中說：「此十三人者，為文章道誼之交，不可以尋常聲氣論。」他們是：楊銳、陶觀儀、張祖同、皮錫瑞、孔憲教、黃自元、李輔耀、俞廉三、龐鴻書、葉昌熾、朱益濬、沈瑜慶、易順鼎。其中皮、易二人是戊戌時著名的湖南新派，再加上與張之洞關係密切的新派楊銳和沈瑜慶兩位，則其特別注重的交遊中明顯的新派人物相當不少。葉懷張、孔、黃詩均不及戊戌事，可證他們當時基本只是署名表態而已（表態當然也很重要）。只是懷俞廉三詩中說：「公初秉節來湘日，正值妖氛未掃除。」而懷皮詩對其講公羊學仍有非議，但也說他「師承歧路緣先誤，黨錮終身亦可傷」，對

---

31 參見羅志田：《科舉制的廢除與四民社會的解體——一個內地鄉紳眼中的近代社會變遷》，《清華學報》，新25卷4期（1995年12月）

32 王先謙：《與陳子元觀察》，《虛受堂書札》，卷一，頁29A-30A;《郋園學行記》，130頁。

皮因戊戌事被參革，其所受處分終身未完全注銷尚表同情。[33]

　　如果說這是晚年恩怨已淡的情形，則反觀戊戌當年，葉氏仍不是完全親近舊派。他的弟子記述道：戊戌時新派的易順鼎，因「遇事兒戲甚，或狎侮老成，戊戌己亥間領湖南権場，凡省紳皆凶隙而散，獨吾師善交久敬」。而湘籍翰林院編修陳鼎，「頗負乖戾之名，同鄉罕與之來往，獨與吾師交好，終身無間言。戊戌朝變，為掌院徐桐誣參，交原籍監禁。吾師言於俞公，待之極優異」。其實陳遭貶斥確因趨新，有其上書為證，決非受人「誣參」。[34] 而葉卻不以新舊之分便不親近舊友，可知當時新舊區分的影響是有限的。

　　更能說明問題的是，時務學堂的西學總教習李維格就與葉的關係特別好，直到政變後學堂改組，李仍未被解職。皮錫瑞明確指出是因「此人與葉厚，故不去」。[35] 作為西學教習的李氏而能與葉交厚，提示了一個過去備受忽視的現象：舊派諸人基本不甚反對西學（當然他們對西學或有其自己的界定）。前引葉德輝指責湖南只講公羊、孟子而不講西學的看法，已知他根本認為時務學堂的課程是「新」而不夠「西」。

　　類似的觀念在舊派的主要文獻中表述得非常清楚：嶽麓書院學生賓鳳陽等在給王先謙的信中說：中丞「合中西為學堂，原欲以中學為根柢，兼採西學之長。堂中西學，自有教習訂立規模，與中學不相涉也」。但「梁啟超等自命西學兼長，意為通貫，究其所以立說者，非西學實康學耳」。《湘紳公呈》再申此意：「原設立學堂本意，以中學為根柢，兼採西學之長。堂中所聘西學教習李維格等，一切規模俱屬

---

33　葉德輝：《浮湘集·王戍感逝詩》，1935年《郋園全書》匯印本，頁4B-11A。

34　《郋園學行記》，144頁；陳鼎事參見孔祥吉：《晚清知識分子的悲劇——從陳鼎和他的〈校邠廬抗議別論〉談起》，《歷史研究》，1996年6期。

35　皮錫瑞：《師伏堂日記》，光緒二十四年九月十九日。

妥善。」而「梁啟超及分教習廣東韓葉諸人，自命西學通人，實皆康門謬種」。故「伏乞大公祖嚴加整頓，摒退主張異學之人，俾生徒不為邪說誘惑；庶教宗即明，人才日起，而兼習時務者不至以誤康為西，轉生疑阻」。[36]

王先謙本人更進而總結說：「康梁今日所以惑人，自為一教，並非西教：其言平等，則西國並不平等；言民權，則西主實自持權。康梁謬托西教，以行其邪說，真中國之巨蠹。不意光天化日之中有此鬼蜮！」[37]他們都強調梁啟超在時務學堂所授並非真西學，說明所謂舊派實不反對真西學，也不反對引進西學。觀舊派主將王、葉二人的書札文章，可知他們的西學知識尚稱豐富（就當時水準言），且遠超過一些趨新人物（比如皮錫瑞）。這進而提示出西學知識的多寡與趨新和守舊的態度之間也沒有成比例的邏輯關係（詳另文）。特別是舊派擔心兼習時務者「誤康為西，轉生疑阻」這一點至關緊要，蓋其不僅指出康梁非真西學，且康學的存在根本可能對學習西學產生疑阻，必去之而後西學可得倡。

實際上，王先謙對於「簾聽之朝」，早有所不滿，也認為非變不可。他不過認為朝政並未壞到不可救，故不主張大變。他在約光緒五年時已說：「兩宮垂簾以來，開載布公……即果如外間揣測，以為未必樂聞讜言，亦斷無全不顧惜政體之理。」後來王任江蘇學政時又說，「今日朝政大綱，尚能支持不壞」，但已「不及雍乾以前極盛」之時；蓋「簾聽之朝，謹守成憲，不輕變更，故利弊不免參半。見在急應設施者，端緒甚多。弟曾妄論列一二，而事會所值，扞格難行，以此知建言之難」。[38]可知他早已認識到朝廷「未必樂聞讜言」，後更親

---

36 《賓鳳陽等來書》、《湘紳公呈》，均《虛受堂書札》，卷一，頁53B、54B-55B。
37 王先謙：《復吳生學兢》，《虛受堂書札》，卷一，頁36A-B。
38 王先謙：《復某君》、《與吳筱軒軍門》，《虛受堂書札》，卷一，頁9A、25A-B。

身體會到「建言之難」，不過朝政尚未壞到「全不顧惜政體」的程度而已。

王的「建言」主要即加強辦工商和海軍以圖富強，故他對甲午戰敗後朝廷改革的緩慢極有意見：戊戌年清廷行新政至裁冗員並衙門時，葉德輝以為「薄海臣民，無不頌聖明之乾斷」（這是一般認為導致政變的一個重要原因，時間也已距政變甚近，此時葉的贊同態度尤其值得注意）；他並引王先謙的話說：「曩聞葵園先生言：近日新政，若早行於中日講和之後，至今必粗具成效。外人不敢輕視，膠州、旅大之患，可以隱消。今又以康梁之故，使天下譁然不敢言新，恐終難收自強之效。蓋憂時之君子，未有不知法之宜變者。惟是朝廷不言而草茅言之，未免近於亂政。」[39]

此最能體現湖南所謂守舊派之心聲，他們何嘗不思變，且已慮及因變法議出自康梁，反影響變法的推行。即使到政變之後，王先謙仍不贊同恢復八股考試，對此事「以亂黨倡言之故而復其舊」，表示「非吾輩所敢議矣」。他公開撰文反對復八股，說不敢議，偏又指出為什麼不敢，意思十分明顯。對於時人「言變法以亂黨為戒，而忠謀與邪謀不辨。視國計民生如秦越肥瘠之不相涉焉，徒思快其口舌，而不悟患之已迫於肌膚」的現象，王至感痛心。[40] 可知擔心因亂黨而阻變法推行是其一貫見解。

對八股時文的態度是當時區別新舊的一個標準。在這方面，王實屬新派而葉在新舊之間（葉不欣賞時文但也不強調廢八股，詳另

---

39 葉德輝：《郋園書札‧與俞恪士書》，頁30A。皮錫瑞於幾乎同時有同感，他注意到朝廷舉措「似有維新之機，將來必有效驗，特患遲耳。若十年前能如此，局面斷不致壞到此等田地！」（《師伏堂日記》，光緒二十四年七月二十日）新舊兩派的感觸竟如此一致。

40 王先謙：《科舉論下》、《工商論》，《虛受堂文集》卷一，頁5A-B、10A。

文）。且王、葉有一點是一致的，他們都認為當時士風已出現嚴重的避實就虛現象。王指出：「中國學人大病在一空字：理學興則舍程朱而趨陸王，以程朱務實也；漢學興則詆漢而尊宋，以漢學苦人也。」此風到晚清尤盛，「近日士大夫多不讀書，乃至奏牘陳詞，亦皆肆口亂道」。故他認為：「方今通弊，在虛詞多而實際少。」有意思的是，王注意到許多談「新學」者實仍守中學：「新學興又斥西而守中，以西學尤繁重也。」故「日本維新從製造入，中國求新從議論入。所務在名，所圖在私。言滿天下，而無實以繼之；則亦仍然一空，終古罔濟而已」。[41] 葉也說：「天下事必有真識力而後有真是非，必有大學問而後有大文章。今日士習遊惰，目不知書，是以邪說橫流，人人喪魂奪魄。」他強調：「中國之事，無不誤於空談。不求立學，徒以策論易時文；不求考工，徒以槍炮易弓馬；法則變矣，其如弊之未去何？」[42]

他們所指謂的「實際」，通常多指晚清言說中的「製造」，但也與學術密切關聯。葉德輝知道在新學堂裡可以「通曉萬方之略，周知天下之情」，這符合「一事不知，儒者之恥」的傳統主張，故他並不反對其弟子進入時務學堂。更重要的是，他已依稀認識到「舊學改新學」恐怕已成不得不為之勢：「時局如此，尚欲三尺童子坐以待斃，雖至愚至陋，計不出此。」[43]

有這樣的觀念，且生活於趨新的近代湖南文化主流之中，王、葉等人在一定程度上支持和參與新政是合乎邏輯的發展。前引熊希齡說梁啟超初來時王先謙等均甚熱情，而葉德輝與梁交往尤多，基本屬實。故新政初期的舉措，王先謙均是領銜請辦之人。他對新政的態度

---

41 王先謙：《復畢永年》、《復某君》，《虛受堂書札》卷一，頁34A-B、8B、11A-B。

42 葉德輝：《郋園書札・與段伯猷書、與皮鹿門書》，頁25A、12A。

43 葉德輝致熊希齡，光緒二十三年十二月一日，《湘報》，第112號，頁447B。

是「共觀其成，共防其弊」；且對新政頗有「長慮」，主張「起勢總宜慎重」。蓋「湘人銳氣挫不得，一事失利，即事事不肯向前」。[44] 從其一貫思想和態度看，王初期參與新政顯非勉強，實出主動。在他領銜《湘紳公呈》後，有舊派人以為原本趨新的他「已有悔心」。王氏立即辯稱：此語雖「譽我實以毀我也。先謙依然先後一人，並無兩樣面孔、兩樣心腸，果有何事應改應悔乎？」[45]

皮錫瑞曾對葉德輝說：「湘人無鄉誼，好自相攻擊。見《時務報》則譽之，見《湘學報》則毀之。」蓋《時務報》本是王先謙要求嶽麓書院學生閱讀者。葉氏也承認：「《時務報》初出一二冊，見者耳目一新，非獨湘人愛之，天下之人愛之。迨其後，閱時既久，訕笑朝政，呵斥前賢，非獨湘人惡之，天下之人惡之。」此最可見在前後不長的時期之內有一風向轉變的過程。其實《湘學報》也經歷了類似的轉變。葉德輝就將先出的《湘學報》與後出的《湘報》區別看待，他說：「《湘學報》外間指謫者，大抵吾邑易生之類，初尚未及其餘。《湘報》謬論既多，宜乎召人攻擊。」[46] 皮、葉兩人觀念各異，但皆認可《時務報》甚而《湘學報》都曾為主要舊派人物所欣賞，則不少舊派人物曾一度趨新這一事實本不為時人所隱諱。

實際上，即使在政變後時務學堂改為求是書院時，所設六分教仍是「三中學、二算學、一方言」。此時該書院已在舊派掌握之中，雖中學教習稍多，「新學」仍占一半。[47] 政變後幾年間，湖南學界應該說為舊派所把持，但署湖南巡撫陸元鼎到光緒三十年仍感到湘省教育

---

44 熊希齡致陳寶箴，光緒二十四年五月，王先謙致熊希齡，光緒二十三年八月十日，均《湘報》，第112號，頁446A-B、447B。

45 王先謙：《復吳生學兢》，《虛受堂書札》，卷一，頁36B-37A。

46 葉德輝：《郋園書札‧答皮孝廉書及所附皮錫瑞來書》，頁15A。

47 皮錫瑞：《師伏堂日記》，光緒二十四年十二月一日。

的弊病之一正是「以激烈為宗旨」。而比較趨新的繼任巡撫端方也於光緒三十一年奏稱：據他在江蘇、湖南所見，後者教育不弱於前者；湖南教育的內容與精神，「均不後於各行省」。這裡所謂的先後，當然與新舊直接相關。[48] 這一現象或者與趨新的趙爾巽此前出任湖南巡撫有關，但趙任職時間僅年餘，似不足在短期內完全轉變全省之教育風氣，則湖南教育在舊派把持期間仍保留了不少一般認為是趨新之地才具有的成分，大致仍揭示出舊中有新的時代共相。

## 三　由新轉舊：舊派人物反戈一擊的關注所在

那麼，曾經趨新的舊派何以要中途反戈一擊？過去的詮釋因多忽視許多舊派人物曾經歷過一個由新轉舊的過程，且不甚關注其內心世界與真實思想，尚嫌不夠全面。關鍵在於，舊派一度是在逆朝廷的意旨而行，冒有直接的政治風險。這就牽涉到一個更大的問題：晚清政治是否開放和自由到使地方紳士完全可以公開逆朝旨（在湖南更包括當地撫憲的意旨）而行呢？對這一問題的肯定答案恐怕沒有多少人能夠接受，則這些人的勇氣從何而至？他們最擔心的是什麼？這是認識戊戌湖南新舊之爭的一個關鍵。

今人皆知變法的結果，但湖南新政的反對派當時並不知道。他們也許了解一些帝后之爭的信息，卻不會很清楚。至今沒有什麼具體的證據表明湖南舊派與京中的「後黨」有什麼直接的聯絡（實際上他們與「後黨」大員的關係完全比不上湘撫陳寶箴），也未見證據表明湖南舊派與偏向舊派的湘籍京官有電報聯絡，而書信聯繫在當時根本無法跟上事態的發展。更重要的是，直到政變前夕，帝后黨爭的不可調

---

48 兩奏均轉引自張朋園：《中國現代化的區域研究——湖南省，1860-1916》，195頁。

和性才較為人所知；在那之前，一般京官也實難預見事情的結果。所以即使偏舊的湘籍京官與湖南舊派有密切而頻繁的聯繫，後者所得的信息也應該不足以支持他們公然與朝旨對著幹。特別是前引葉德輝在政變前夕還歌頌裁減機構罷黜冗員的舉措，既說明他們與帝黨的一些觀念本接近，也表明他們或不了解京中的帝后黨爭，或了解也並不據此來調節其行為。

戊戌時湖南舊派敢於逆朝廷的意旨而行這一行為，應該有更具說服力的詮釋。

美國學者路易斯曾提出一個新穎的觀點：守舊的湖南士紳指斥康有為的思想為異端，是要想通過此舉維護一直在他們控制下的社會秩序。但因其將自身的特權置於國家利益之上，他們的道德權威有所削弱。當一個陳腐的價值體系開始失去效用時，他們轉而越來越多地投入經濟實業，藉以維持其社會地位並抵制西力的入侵。[49] 這一觀點太偏於理想型，除了發展工商業以抵制西方的經濟入侵這一點外，其餘均難從時人言說中找到明確的依據。實際上，直到戊戌後的相當一段時間裡，經營實業在湖南仍是得不償失的。湖南舊派士紳對工商業的社會效益（即保持其社會地位的功能）是否能具有那樣的理論性前瞻眼光，恐怕還需要進一步考證。

至於說湖南新舊之爭「是維資本主義之新還是護封建主義之舊之爭」，[50] 就有明顯拔高昔人的傾向。未受馬克思主義薰染的湖南新舊兩派那時是否有明確甚至隱約的「主義」意識，尚未見任何人引用直

---

49 Lewis, "The Hunanese Elite and the Reform Movement," pp. 35, 42. 此觀念在其專著 *Prologue to the Chinese Revolution: The Transformation of Ideals and Institutions in Hunan Province, 1891-1907* (Cambridge, Mass.: Harvard University Press, 1976) 中有進一步的闡述。

50 湯志鈞：《戊戌變法史》，305頁。

接的證據。即使確認新政是資本主義性質的（我尚存疑），主義之爭
的觀點仍難解釋何以舊派多一度參與新政然後才反戈一擊這一事實。
特別是舊派多在政變前後持續參與工商方面的建設（這應與資本主義
最直接相關）、卻激烈反對顯然更接近「封建主義」的公羊學這一現
象，似乎提示著截然相反的詮釋，即舊派尚能接受某些資本主義事
物，卻不能容忍「封建主義」中對既存政治和社會秩序可能造成破壞
的因素。

皮錫瑞的學生李肖聃曾提出一個具地方意識的思路，他在為蘇輿
的遺集作序時說：丁酉時「湘學始衰，粵人來教。素王改制，托齊學
之微言；赤烏傳書，張緯候之異說。時長沙祭酒主持楚學，郋園吏部
詆斥康生。君奉手從師，低頭事友。哀其辨學之作，都為異教之編。
自敘簡端，述其作意。欲守西湘之學統，遏南海之狂流。」[51] 楊念群
最近提出一個近代儒學區域模式，也從湘學和粵學的角度討論發生在
湖南的新舊之爭，說頗新穎。[52] 但其觀點不好解釋與粵人梁啟超等共
同奮鬥的還有數量多得多的湘籍士人（若以湘學本位論，何以西學總
教習江蘇人李維格及分教習安徽人楊自超便基本不受攻擊？），尤其
是另一粵人朱一新的觀念正被湖南舊派視為思想資源。恐怕時務學堂
被排斥的各中文教習主要因其與康有為的關聯，而不過恰好皆是粵人
而已。

當年葉德輝積極參與公稟請辭退各中文教習，熊希齡即攻擊葉
「不過乘鷸蚌相持之際，欲收漁翁之利」。[53] 意謂葉覬覦時務學堂中
文總教習一職，這一觀點後人多引用之。近年更有人從「地盤」之爭

---

51 李肖聃：《湘學略》，201頁。

52 楊念群：《儒學地域化的近代形態》，北京：生活・讀書・新知三聯書店，1997年，
 第8章。

53 熊希齡致陳寶箴，光緒二十四年五月，《湘報》，第112號，頁446B。

考察整個湖南新舊之爭，[54] 不免稍小視昔人。餘人不必論，爭議的中心人物葉德輝家境頗富而不喜約束，似無出占館地之欲。據說大約同時張之洞曾聘葉主講兩湖書院，其致湘撫俞廉三電稱：「明知葉某境地從容，決不處館，但此是匡扶正學、津逮後進之事，想必樂為。」葉辭不就。光緒三十一年湖北設存古學堂時再聘，葉仍以病辭；張覆電說：「執事坐擁百城，徜徉山水，其樂何極，自不願為臬〔皋〕比所困。」故其弟子說他「平生未嘗充山長、作館師」，正以出任此類職務則「事多拘束」，反不自如。[55] 這些記載與葉一生的實際作為大致相符。

查《湘紳公呈》確有為教習而上之意，其中兩次點到尚屬溫和的皮錫瑞之名（其餘被兩次點名的僅有梁啟超和樊錐），先說「雖以謹厚如皮錫瑞，亦被煽惑，形之論說，重遭詬病」。又說「今皮錫瑞不為珂里所容，樊錐復為邵陽所逐，足見人心不死，率土皆同」。最後揭示其上呈之意：「從前士紳公議，擬俟梁啟超此次來湘，稟請鈞奪。昨聞其留京差委，學堂自必另聘教習。竊以為本源不清，事奚由治。伏乞大公祖嚴加整頓，摒退主張異學之人。」則《公呈》的確意在教習，但並非葉欲出任教習，乃懼皮為總教習而使業已渙散的時務學堂復興。後來戴德誠告訴皮氏說：葉等攻皮，乃「因粵人去，學生欲散。公度諭以另請良師，如某某〔謂皮〕學問通達，可聘；爾等勿以為慮。彼恐我至，遂為先發制人之計」。[56]

當然，由於新政為地方大吏推動，則伴隨新政的社會資源的分配，常與時人對新政的態度直接相關。原參與新政的一些士紳後來成

---

54 鄺兆江：《湖南新舊黨爭淺論並簡介〈明辨錄〉》，《歷史檔案》，1997年2期。

55 《郋園學行記》，136、145頁。

56 《湘紳公呈》，《虛受堂書札》，卷一，頁55A-B；皮錫瑞：《師伏堂日記》，光緒二十五年十一月二十三日。

為舊派，其一個重要的具體過結確實與新政各項舉措之間的分工有關；特別是初期擬設的湖南機器製造公司和時務學堂的資金及管理權限等的分配，頗造成不少問題。前引熊希齡信已說得較多，王先謙後來也數次論及於此，他特別認為陳寶箴「不免偏向」於熊希齡、蔣德鈞等，而陳所任命的工師曾昭吉也「挾上憲以自重，不復受紳士商量」。[57]

另外，陳寶箴和黃遵憲在重城市治安即保衛局而輕鄉間團練這一點上，顯然也疏遠了強調團練重要性的湘省巨紳龍湛霖、張祖同（達官張百熙之兄）和湯聘珍。[58] 當湖南新舊之爭後來表現為皮錫瑞與葉德輝的筆戰時，皮即注意到「大抵不得志於近日官紳者多歸葉」。[59] 王、龍、張、湯都曾是初期新政的主要參與者，後來皆轉為舊派，說明當道的「近日官紳」對不緊緊追隨新政者的重視不夠是致彼有怨的一個重要原因。

但社會資源的分配及地方官的重視不夠等均不足以使湖南舊派敢於逆朝廷的意旨而行，故不應是他們反戈一擊的主要原因。湖南舊派諸人的非常規行為提示著他們顯然還有更深遠的思慮。這些士紳必定已感到某種強大的壓力，使其不得不甘冒危險而抗旨行事。或可以說，他們的憂患意識一定已相當深重，應是真感到不吐不足以救國家、種族、文化於危亡；相比之下，個人進退似可暫時置於第二位。

一般治史者均承認，與歷代亡國之君相比，清季實際執政的慈禧太后無論有多少不足之處，其所作所為的荒謬程度尚未到足以亡國的

---

57 王先謙：《致俞中丞》，《虛受堂書札》卷一，頁66A-B；《與陳佩蘅》，《虛受堂書札》卷二，頁67A-68A。

58 參皮錫瑞：《師伏堂日記》，光緒二十四年一月二十六日、三月二十日、二十一日、閏三月三日、四月六日、七日。

59 皮錫瑞：《師伏堂日記》，光緒二十四年四月八日。

地步。但清季的一個特殊之處是遭遇到外力的入侵，而且是從政治軍事到經濟文化的全方位衝擊。當時朝野士大夫越來越意識到問題的嚴重性，「數千年未有的大變局」漸成時人言說中的流行語就是一個明證；而大家也都在思考因應的方策。

與湖南及全國新派一樣，王先謙和葉德輝等人也認識到西潮衝擊對中國直接和潛在的巨大影響，並思有以因應。他們與新派的區別主要在於雙方對西方衝擊影響所及的面相、嚴重性以及迫切的程度之上。可以說，當時全國性新舊之爭的一個關鍵，即憂患意識的側重點不同，從而導致可能是根本的策略分歧。大家的心情其實都不輕鬆，都面臨強烈緊迫的壓力。這個問題太大，只能另文探討，以下僅簡略言之。

陳寶箴之孫陳寅恪說：「當時之言變法者，蓋有不同之二源，未可混一論之。」其一即所謂「歷驗世務欲借鏡西國以變神州舊法者」如郭嵩燾等；另一源則「南海康先生治今文公羊之學，附會孔子改制以言變法」。兩派「本自不同」，故陳寶箴見朱一新《無邪堂答問》「駁斥南海公羊春秋之說，深以為然。據是可知余家之主變法，其思想源流之所在矣」。[60] 這是非常值得注意而迄今為人忽視的洞見，尤其朱駁康的文章，正是作為舊派的思想武器收在《翼教叢編》中的。換言之，在湖南新舊爭辯的學理層面，新政主持人陳寶箴的思想反與舊派同源。故實有必要簡單考察一下朱、康之爭的關鍵所在。

朱、康爭辯事在甲午之前，其牽涉甚寬，從漢宋學、今古文之辨到中西文化競爭，而最後一點是核心問題。朱一新說：康有為「托素王改制之文，以便其推行新法之實」，其實質就是「用夷變夏」。如果

---

60 陳寅恪：《讀吳其昌撰〈梁啟超傳〉書後》，《寒柳堂集》，上海：上海古籍出版社，1980年，148-49頁；並參見陳之《寒柳堂記夢·清季士大夫清流濁流之分野及其興替》，《寒柳堂集》，170-72頁。

康的著作流傳，「適為毀棄六經張本」。他強調：「有義理而後有制度。戎翟之制度，戎翟之義理所由寓也。義理殊，斯風俗殊；風俗殊，斯制度殊。今不揣其本，而漫雲改制。制則改矣，將毋義理亦與之俱改乎？」制度為文化之載體，故不能輕言變。至於「百工製器，是藝也，非理也。人心日偽，機巧日出。風氣既開，有莫之為而為者，夫何憂其藝之不精？」但如果「以藝之未極其精，而欲變吾制度以徇之，且變吾義理以徇之」，則欲救而實毀，決不可為。[61]

他進而申論說：「治國之道，必以正人心、厚風俗為先。法制之明備，抑其次也。況法制本自明備，初無俟借資於異俗；詎可以末流之失，歸咎其初祖，而遂以功利之說導之哉？」當世一些人「以為聖聖相傳之詩書禮樂，果不足以應變也，而姑從事於其新奇可喜者，以為富強之道在是。彼族之所以富強，其在是乎？其不在是乎？抑亦有其本原之道在乎？抑彼之所謂本原者，道其所道，而非吾中土能行，且為天下後世所斷斷不可行者乎？」

康有為寬慰朱一新說：「西人學藝，與其教絕不相蒙也。以西人之學藝政制，口〔？〕以孔子之學，非徒絕不相礙，而且國勢既強，教藉以昌也。」他先說「彼國教自教，學藝政制自學藝政制耳，絕不相蒙。譬之金元入中國，何損於孔子乎」。但接著又轉而強調「今之西夷」與昔之魏、遼、金、元、匈奴、吐蕃大不同，而今之中國已是「地球中六十餘國中之一大國，非古者僅有小蠻夷環繞之一大中國」。西人數十年來，「盡變舊法，日益求精」，而「中國則尚謹守千年之舊敝法」。一旦開釁，「諸夷環泊兵船以相挾制，吾何以禦之」？鴉片戰爭以來的中外衝突，皆以中國失敗告終。若正視實際，「必不

---

61 本段及下段，參朱一新答康有為第四書，《康子內外篇（外六種）》，北京：中華書局，1988年，163-165頁。

肯坐守舊法之虛名，而待受亡國之實禍」。所以，「使彼不來，吾固可不變」，既然已是「數十國環而相迫」，就非變不可。[62]

康有為雖然否認西人學藝政制與其教相關，卻主張文化競爭全憑「勢」之強弱：「教既交互，則必爭長；爭之勝敗，各視其力。」而「勢」之強弱，又落實在舟車器藝之上。「若吾力強，可使吾孔子之學、中國聲靈，運一地球；吾不自立，則並其國與其教而並亡之」。今之西夷與金、元等夷狄更有一大不同，即其是「奉教之國」。一旦戰敗，中國將面臨「國亡教微」的局面：「彼使臣執吾之政，以其教易吾之教，且以試士。」西人既然「以國力行其教，必將毀吾學宮而為拜堂，取吾制藝而發揮《新約》；從者誘以科第，不從者絕以戮辱，此又非秦始坑儒比也」。故他「急急以強國為事者，亦以衛教也」。這當然決非孔子的微言大義，而是從西人那裡販來的新說。

如果稍翻檢戊戌時湖南新舊人物的議論，可知舊派中的王、葉二人與朱一新的關懷略同而稍更趨新。有意思的是，他們的許多思慮其實又和康有為相近，甚或暗中接受了康的觀點。而新派人物不僅陳寶箴贊同朱一新，包括皮錫瑞在內的其它一些人其實也暗中分享不少從朱到王、葉等舊派的觀點。

葉德輝最重中西文化競爭，且這一認識是受西人的啟發。他說：「人持異教也愈堅，則人之護教也愈力〔按：這與康說相近〕。西人之言曰『爭自存』，理固然也」。他因而注意到：西人來華之目的在「傳教於中國也，非通商者也。通商之士，一其心以營利，不能分其力以傳教」。而西人則不但以其醫療為傳教方式，且「以最強之兵力行教」，這與「孔教行之三千年，未嘗以兵力從事」是根本不同的。王先謙也注意到這一個區別，他曾指責徐仁鑄以學使之地位急急推行

---

62 本段及下段，參康有為答朱一新，光緒辛卯（1891），《康子內外篇（外六種）》，168-172頁。

康教，不啻「以威勢強人服從，則與西國以兵力脅持行教」無異。[63]

西人以力行其教，其實是康有為先注意到的，則王、葉等實受康說影響。但康氏觀念的邏輯發展是國強則教興，這一點葉德輝不能同意，他說：「中西異教，近今不無強弱之分。《勸學篇》言『保國即以保教，國強而教自存』。此激勵士夫之詞。其實孔教之存亡，並不係此。」葉已注意到張之洞與康的觀念是一致的，這最足反駁後來那些視張為「保守」的研究者。[64] 康有為、張之洞與當時不少人實際都已接受西人以力之強弱分教之文野的觀念，故出現「甲申之役，法敗而中勝，則中國進於文明；甲午之役，中潰而日興，則中國淪於半教」的現象。葉氏據中國傳統觀念指出：春秋之教，主張夷狄而中國則中國之；不僅不排斥夷狄，而「正欲其進而同教耳」。但中國文化不「以兵力從事」，更不主張「以強弱大小定中外夷夏之局」。[65]

---

63 葉德輝：《郎園書札‧明教、西醫論》，頁40A-43B、頁44；王先謙：《與徐學使仁鑄》，《虛受堂書札》卷一，頁62B。

64 後人常說張善逢迎，大約不差。但又說其急印《勸學篇》以圖免禍，則似未必。前引陳鼒文已指出《勸學篇》刊於《湘報》時距政變尚早。彼時光緒方亟亟於改革，後之結果尚難逆料，張氏恐無此遠見。張著《勸學篇》本有意從學理層面維護新政，該書能起到免禍作用，實因慈禧太后無意廣為株連，乃借是書為由放張一馬，張遂無事。若慈禧太后有意黜張，該書中原頗有可議處，戊戌當年已有人指出：「近年以來，嗜西學者恐專言西學之難逃指斥也，因詭言中學為體，西學為用；中學為本，西學為末；以中學兼通西學者乃為全才。此欺人之談也。」而新創各學堂「類皆以中學飾為外觀，掩人耳目，而專致志惟在傳布西學；以洋人為宗主，恃洋人為護符」。（高庚恩摺，光緒二十四年九月十八日，國家檔案局明清檔案館編：《戊戌變法檔案史料》，北京：中華書局，1958年，484-85頁）幾年後徐桐仍指斥「《勸學篇》盡康說」（參張謇日記庚子年二月十三日，張謇研究中心、南通市圖書館編：《張謇全集》，南京：江蘇古籍出版社，1994年，第6卷，432-433頁）。可知真舊派已看破張之洞真意，其所攻也早已直指張。這個問題牽涉甚寬，非簡單講得清楚，但頗能說明真舊派與王先謙等的區別。

65 葉德輝：《郎園書札‧與俞恪士書、與皮鹿門書、答人書》，頁31A、9B-10A、23A。

正由於接受夷夏以強弱定的思想，故「近世時務之士，必欲破夷夏之防，合中外之教」。他們實「借保護聖教為名，以合外教」，這是葉「斷斷不能苟同者」。所以，「人之攻康梁者，大都攻其民權平等改制耳。鄙人以為，康梁之謬，尤在於合種通教諸說」。梁所著《孟子界說》和《春秋界說》，「有進種改良之語」，又「隱援西人《創世記》之詞，反覆推衍。此等異端邪說，實有害於風俗人心。苟非博觀彼教新舊之書，幾不知康梁用心之所在」。[66]

故「今之公羊學，又非漢之公羊學也。漢之公羊學尊漢，今之公羊學尊夷」。康梁等「仿禮拜堂儀注拜孔子廟」，其「猥鄙」正類民間淫祀；而其思想資源，則耶穌教之儀式。蓋康本「隱以改復原教之路得自命」，故「其貌則孔也，其心則夷也」。葉德輝強調：「戰國之世，患在楊墨，孟子辟之；八代以降，患在佛老，韓子朱子辟之；今日之世，患在摩西，無人辟之，且從而韙之，以至異說橫流，謬論蜂午；衣冠世族，廉恥道亡；我生不辰，吾為此懼」，故必挺身而出。[67]其當仁不讓之意表述得非常清晰。

前已述及，所謂舊派並不甚反對引進真西學，他們反康主要是反其攪亂了中學。葉德輝看到了問題的嚴重性：康的《新學偽經考》使「六經既偽，人不知書，異教起而乘其虛，豈非孔子之大禍」？從學術傳承的角度看，這的確不無所見。王先謙也指出：「康梁諸逆，既借西學為搖惑人心之具。無識之流，知西之有學而不能辨其為何學。盈廷交口，請立學堂，直以為西學當興、中學可廢。詔旨一下，疆吏從風，行者不必知，知者又不敢言，如此雖遍天下謂之無學可也。」[68]

---

66 葉德輝：《郋園書札・與皮鹿門書、與俞恪士書》，頁9A-B、30B。

67 葉德輝：《郋園書札・與石醉六書、與劉先端黃郁文兩生書、與戴宣翹書》，頁2A、5B、19A。

68 葉德輝：《郋園書札・與皮鹿門書》，頁12B；王先謙：《復萬伯任》，《虛受堂書札》卷二，頁21A-B。

　　中學既亂，則中國的大是大非也隨之而轉變。葉注意到：自梁啟超主講時務學堂，「以《公羊》、《孟子》教授湘中弟子。數月之間，三尺童子皆知言改制、言民權、言秦始皇不焚書、言王安石能變法。千百年之事〔是？〕，一旦得而非之；千百年之非，一旦反而是之」。[69]

　　其實新派也知道，以當時的授學方法，真有可能未得西學而先亡中學。皮錫瑞在戊戌年閏三月招復時務學堂考生時，發現考卷皆不佳。那次的題目是「孟子兼師伊尹之仕論」，而學生中「通曉者少」。他不禁想起梁啟超的話：「今之學者，未得西學，而先亡中學」。再「觀諸生言洋務尚粗通，而孟子之文反不解，中學不將亡耶？予非守舊者，然此患不可不防也」。[70] 可見湖南時務諸生當時真已出現邯鄲學步、反失其故的現象，並引起湖南新派中人的注意。持此觀念的新派還有人在，後來張百熙奉詔籌設學部時，戊戌新政參與者鄒代鈞即向張上書，再次提到「當此新舊交接之際」，實有「新知未瀹，舊學先亡」的可能。[71]

　　新派中不少人既已慮及中學可能先亡，則他們又何嘗不知弊之所在。唯其立場在趨新一邊，故不能公開申言。雖然他們也並不知道怎樣才能防此患，但在國勢危急的緊迫心態之下，有時明知可能得不償失，也不得不破釜沉舟、一意向前。康有為的基本觀點是文化競爭的勝敗「各視其力」，後者又落實在舟車器藝之上。且中外之局是西人主動，而其實行的正是「以國力行其教」，國亡則教微。故中國不能不變，且必須落實在「取彼長技而用之」，靠「強國」來「衛教」。在

---

69　葉德輝：《明辨錄序》，轉引自廓兆江：《湖南新舊黨爭淺論並簡介〈明辨錄〉》，109頁。

70　皮錫瑞：《師伏堂日記》，光緒二十四年閏三月十六日。按梁啟超確實在光緒二十二年曾說：「吾不忍言西學」，蓋「今日非西學不興之為患，而中學將亡之為患」。梁啟超：《西學書目表後序》，《飲冰室合集‧文集之一》，126頁。

71　轉引自錢基博：《近百年湖南學風》，長沙：嶽麓書社，1985年，70頁。

教之文野寄託於國力之強弱這一觀念的基礎上，國家危亡的憂患意識促進了新派諸人明知有「亡學」的可能仍義無反顧的言行。

舊派諸人同樣見到國勢的危迫，但朱一新觀念的核心是制度為文化之載體，制度變而後文化也會隨之而變。至於器藝，則可以變從西人，但尚不如正人心之重要。既然不能「以強弱大小定中外夷夏之局」，則獨側重於物質方面的國力不僅不一定能解決問題，有時反可能造成混亂。

這樣，湖南的新舊之爭已觸及了不久即漸趨熱烈的保教與保國孰先孰後的爭論。新派皆深感瓜分和亡國的臨近，即中國這一政治和地域的實體面臨生死存亡的壓力，必須當下作出策略方針的選擇；他們的選擇即是激烈變法，以為不如此不能救中國。他們的思維邏輯實即梁啟超後來說的國不能保則教亦不能保。[72] 而舊派則更多看見文化競爭的長遠威脅，對於瓜分的緊迫感不如新派那樣急切，似乎對中國的「地大物博」存有相當的信心。他們注意到西方文化的進逼，且並不反對變法及在一定程度上引進西學，但特別強調站穩中學的立場：只有中學陣腳不亂，才足以控制西學的引進並能恰當地運用引進的西學；如果中學自亂陣腳，則從最根本的文化上不能與西方競爭，必然因文化的混亂導致政治秩序的紊亂，其結果當然是既不能保教也不能保國。

當時湖南以外尚有更守舊者，[73] 改歸知縣的翰林院庶吉士繆潤紱認為，新政的西來性質使其根本沒有群眾基礎：海禁開放以來，「民教相讎，甚於水火」。一般百姓「心目中但知有聖朝；其讎視西人也，殆如鷙鳥猛獸，時時而欲得甘心者。惡其人因並及其法，亦固其

---

72 梁啟超：《保教非所以尊孔論》，張枬、王忍之編：《辛亥革命前十年間時論選集》，卷一上，164-166頁。

73 按湖南之內也有更守舊者如曾廉，當於另文中探討。

所」。他以為：「皇上採西法、立庶政，窮鄉僻壤，亦幸不聞耳。」如果「刊刻謄黃，遍行曉諭，恐綸音一降，率土驚惶；新政未行，先受變法之害」。繆雖有明顯的偏見，然對國情實不無所見。老百姓仇教惡西、并及其法，正是後來義和團事發的歷史語境。故他指出：久積的民教衝突加上新政造成的大量失業人員會產生國內的大亂，此時「欲責效於鐵路、機器、工藝、兵、商、農、礦、茶、蠶桑諸學，並以緩不濟急，而一無可用，甚且半途而廢。此時人心已去，皇上孤立無助，外洋諸國乘我之敝，借詞保護，長驅大進；拱手奉獻，其不為五印度之續者幾何？」[74]

這就凸顯了舊派與新派的一個根本區別：新派害怕不行新政則瓜分之禍亟，外患又必引起內亂，從而造成亡國。舊派則認為人心不固將先生內亂而招外侮，然後亡國。雖然禍亂的總根源都是西力東漸，但在可能發生的當下禍源方面，新派以為外患已迫，而舊派認為內亂更急。可見當時湖南以至全國的新舊兩派心情其實都不輕鬆，都面臨強烈而緊迫的壓力。在此心理壓力下，行為便容易趨於激烈甚至走向極端。權力之爭特別是帝後黨爭當然是戊戌政變一個至為重要的因素，雙方政策取向的分歧也決不可忽視，但因國家內外交困而引起的心態緊張或者是導致政變流血的一個更隱蔽但也更帶根本性的原因。

且當時的新舊分野實有無數層次，以本文所及諸公而言：繆最保守，朱次之，葉近朱而王在朱康之間（葉同意康學實質在亂儒學而壞人心，提倡但不強調「製造」；王也反對變制度，卻強調物質層面的富強已成為必須）。在新舊之間徘徊的張之洞主張「西藝非要，西政

---

74 改歸知縣庶吉士繆潤紱摺，光緒二十四年八月七日，《戊戌變法檔案史料》，462-463頁。有意思的是，鐵路機器等緩不濟急並不僅是舊派的看法，新派譚嗣同即有完全相同的認知。參其《上陳右銘撫部書》，蔡尚思、方行編：《譚嗣同全集》（增訂本），中華書局，1981年，上冊，276-277頁。

為要」，比王更激進而已接近於康（不過張又強烈反對公羊學）。此外，彼時已接近主張全盤西化（所用語彙不同）的嚴復以《國聞報》等為陣地在言論界初露頭角，雖尚不特別引人注目，其觀念又比康更進一步。

要言之，憂患意識的側重點不同是當時新舊之爭的一個關鍵，這一區別導致了雙方對當務之急可能是根本的策略分歧。但即使守舊如繆潤紱也擔心人心混亂會使鐵路機器等「半途而廢」，說明他只是強調「正人心」的首要位置，並不反對走富強之路。他所使用的「緩不濟急」一語，再次凸顯了時人的急切心態。

假如富強是急需的而又必須落實在物質上，農業的改進已知不能應急，則富強確實只能依靠工商業（且在列強環伺之時恐怕最後還真要落實到軍事工業之上）。這樣，問題的實質就在於，是不是只有徹底改變「大經大法」甚至改變文化觀念才能發展工商業？是否存在不改變基本的綱常名教而又發展工商業以臻富強的可能性？

康有為等認為只有從觀念到制度的全面改革才能推動「製造」而達富強，他在公車上書中已說：「今之為治，當以開創之勢治天下，不當以守成之勢治天下；當以列國並立之勢治天下，不當以一統垂裳之勢治天下。蓋開創則更新百度，守成則率由舊章；列國並立則爭雄用智，一統垂裳則拱手無為。言率由則外變相迫，必至不守不成；言無為而諸夷交爭，必至四分五裂。」[75] 所論皆兩分相對，彷彿只能在生死之間擇一，並無中間道路可尋。而張之洞、王先謙與皮錫瑞等則主張「中學為體，西學為用」這樣一種表面折衷式的取向。雖然其「用」又各不同，張重政治，王重工藝。皮態度不及王主動，但願意

---

75 康有為：《上清帝第二書》，中國史學會編：《戊戌變法》，上海：神州國光社，1953年，第2冊，140頁.

接受更廣泛的變法。[76]

　　從根本言，新舊兩派的目標與最終落實的手段（即發展工商業）都是一致的，其歧異只在於選擇什麼樣的取向才能達到發展工商業以臻富強。以今日的後見之明看，晚清的「製造」到戊戌年確實不能說已經有大成就，且其運行實未達到足以判斷該取向之成功與失敗的程度。但在舉國都有急迫情緒之時，康有為一邊的論點似乎更有吸引力。戊戌變法確以維新派失勢告終，但庚子後的新政雖基本是張之洞取向的體現，卻實際容納了康有為幾乎全部的改革主張，甚或有過之。[77]

　　憂患意識的側重不同在湖南也很明顯。咸同以後湖南士人特別主動地感覺到其對天下的責任，也認識到中國在列強環伺下的危局。上一文曾引述，皮錫瑞與經學家胡元儀談時事，胡氏相信「外夷以湖南為射之鵠」，以為「先將此地收伏，以外皆傳檄定矣」。皮甚以為然。[78] 從經師胡元儀口中可見湖南人確實頗具自信，以為本省在全國地位重大。而皮同意此看法，說明趨新的他其實也對外國人的觀念所知甚少。但正因為不熟知外國人意圖，又有這樣的自視，湖南人在外患壓迫下的危機感可能就要比其它一些省的人更強。

---

76 從優患意識這一關注點的分野看，皮錫瑞實際是一個矛盾的中間派。他在講學中一再主張中學為體、西學為用的觀點，這與湖南舊派中許多人及在湖北支持新派的張之洞是相通的，但他所積極追隨的康學卻不能為上述兩方面接受。皮同時看到國與教受到的嚴重威脅，也可以接受激烈的變法。但他在西方事物的引進方面比王先謙並不見得更「開放」：他關注著每一件外國人及外來事物與湖南的接觸，實際上幾乎對所有這些接觸都持懷疑的態度，因為都可能引發湖南的內亂；而他也只是在無法抵制的現實情形下被迫接受外國的入侵。在皮氏眼中，所有的新政措施都是為了防止或預備外國事物的強行進入湖南（這也是其它新政推行者的一個重要考慮，但似乎不到皮所強調的程度）。這些內容只能專文探討了。

77 有意思的是那時康梁師弟間對保國與保教的問題反生歧異，這只能另文探討了。

78 皮錫瑞：《師伏堂日記》，光緒二十三年十一月九日。

故甲午戰敗對一些湘人來說刺激或更深，譚嗣同即因此悟出舊不能守，不得不「捨己從人，盡變西法」。他說：以前「於中外事雖稍稍究心，終不能得其要領」。甲午「創巨痛深，乃始屏棄一切，專精緻思」，並「詳考數十年之世變，而切究其事理。遠驗之故籍、近諮之深識之人；不敢專己而非人，不敢諱短而疾長，不敢徇一孔之見而封於舊說；不敢不捨己從人、取於人以為善。設身處境，機牙百出。因有見於大化之所趨、風氣之所溺，非守文因舊所能挽回者。不恤首發大難，畫此盡變西法之策」（按：此具體指興算學）。[79]

不過湖南情形似有些兩極分化，即「開通者自開通，錮蔽者自錮蔽」。皮錫瑞在戊戌年四月初三的講義中說：去年膠島和今年旅順被德、俄佔據事，已見明文，而聞見較少的湘人對此「皆不知。有問洋人在何處，已到湖南否者。此如桃源中人，不知魏、晉」。也有人因這些消息來自外國報紙遂不信其為實，然「外國之報，並非讕言。中國之報，即從外國之報譯出，亦非空抱杞憂」。關鍵在於，「今日割五城，明日割十城，中國尚堪幾割？分割漸盡，湖南豈有獨存之理」？皮發現湖南有兩種對國事不急之人：一是不知者不急，「到今日局面，猶以為太平無事，不必先事預防」。另外一些人則「挾十年前湘軍之餘威，以為洋人必不敢入湖南境」，也不急。[80]

以為國勢尚不甚危急是湖南舊派中許多人的共相，大紳湯聘珍不屬於沒有見聞者，他也「以為天下未必有變，即有變，吾輩有錢，盡可安居，何必多事」！[81]事既不急，法就可逐漸改，自不必「盡變西

---

79 譚嗣同：《上歐陽中鵠書》，《譚嗣同全集》，上冊，167-68頁。民初新文化運動在觀念上的先驅主要是嚴復，而在實踐層面嘗試從文化學術上「以夷變夏」則或開端於湖南。

80 皮錫瑞：《師伏堂日記》，光緒二十四年閏三月二十九日。

81 皮錫瑞：《師伏堂日記》，光緒二十四年三月十日。

法」。湯對國勢的漠然說明，前引陳寅恪對變法派的二分觀念同樣可以運用於湖南守舊派中一些人。王、葉與湯這類紳士及上述那些真正不急的士紳都很不相同，他們的急迫雖不如新派那樣甚，但其內心的危機感與新派實相同。而他們也恰好是舊派中以學問著稱者，皮錫瑞即注意到：列名《湘紳公呈》的十人中，「惟王、葉兩人頗通古今，其餘劉、汪、蔡、孔、鄭、黃、嚴、張並不知孔子改制出何書，乃亦攘臂其間」，不過「如傀儡然」。[82] 當時新舊分野真有無數層次，如果從力學的作用與反作用角度看，學問與急迫感的比例關係或提示著西力衝擊的受力點到十九世紀末年已更多落在學術文化之上，而這也正是湖南新舊之爭的焦點所在。

一般研究者論及湖南新舊之爭，大都說始於光緒二十四年春。其實新舊之分在光緒二十三年末已基本確定，不過到次年春天才變得顯著起來。葉德輝在光緒二十三年十二月給熊希齡的信中，已明確有「舊黨與新黨」的提法。[83] 可知兩黨的分野已經出現，不過那時雙方似均未感覺其對立已達勢不兩立的程度而已。

葉所提到的梁啟超與公羊學，大致可以所謂「康學」概括，正是不少由新復舊的湖南士人所特別關注者。然而，戊戌時康有為的實際政治主張與其在湖南的形象，及舊派人眼中康學的可怕之處，其實都有想像或誤讀的成分，值得專文深入剖析，這裡只能稍作勾勒。康、梁等在政變後對其所作所為的自我詮釋並非全是實錄，後人對其誤讀與此直接相關。但時人也曾誤讀康、梁的思想，卻更當予以注意。

康有為在光緒二十七年給趙必振（曰生）的信中，曾說他原主張開議院興民權以救中國。到戊戌年四月覲見光緒帝，「乃知聖明英

---

82 皮錫瑞：《師伏堂日記》，光緒二十四年七月十七日。
83 葉德輝致熊希齡，光緒二十三年十二月一日，《湘報》，第112號，頁447B。

勇，能掃除舊國而新之」，故願為皇上效死。此後康即更強調利用君主的專制威權實行自上而下的政治改革。[84] 與康其它許多回憶文字一樣，此說在多大程度上是實錄，還須細考。但康有為在戊戌時政治改革主張的核心是晚清人所謂的「開明專制」（這裡的「開明」是指政策的內容，其「專制」的實質並未稍減），與「民權」、「平等」本無甚關聯。其弟子在湖南偶亦道及「民權」和「平等」（實不多，不過後之研究者較喜歡引用），是否因與康聯絡不夠所致？抑或有意採取梁啟超取法乎上、以得其中的「過兩級」宣揚方式[85]，以期得「開明專制」之實施？甚或不過興之所至，順口言及，都尚可考。但「民權」、「平等」之說與康本人當時（而非以前或此後）的政治改革主張完全相背，應無疑義。

這就頗有些弔詭的意味：一方面，康被湖南舊派視為大逆不道的眾矢之的，雖主保教，卻被認為最威脅到「聖教」，而西學反不足慮；另一方面，康氏弟子在湖南所傳播的一些「有害」內容如「民權」與「平等」，卻有不少屬於被康氏「偽託」的西學，且多與康氏本人當時的政治主張相違背。這樣經曲折糾葛而產生出的「康學」在湖南的形象（image），曾引起掀然大波，卻未必是貨真價實的康學。當梁啟超等不再空言「民權」、「平等」於湖南，而轉往京師搞實際的「開明專制」時，其在湖南的言說卻成為舊派的主要攻擊目標（而實際更激烈之譚嗣同，其學說觀點受到的直接攻擊似反較少）。對這樣的弔詭現象，過去似乎注意得不夠充分，還大可進一步探討。

其實，當時人言說中的「民權」和「議會」一類詞彙，都有其特定的指謂。這些詞語當然是西來，但當時西書翻譯不多，且其中許多

---

84 黃彰健的《論康有為「保中國不保大清」的政治活動》（《戊戌變法史研究》，1-54頁）一文論康之轉變甚詳，極有參考價值，但黃先生立論也時有牽強處。

85 關於這一點，參見羅志田：《西潮與近代中國思想演變再思》，17頁。

還是編譯，更有不少人恐怕只是看到或聽到轉手多次的申說，不免從中文字義去反推其義。如當時湖南人言說中的「議會」或「議院」，就特別注重其「議政」的功能。這與西方議會的原初意義即集會論政或更接近，與我們今日提到議會總先想到三權分立和選舉等便頗不同。

而舊派對這些詞彙的不滿也是首先聯想到其相關的中國含義，如見「民權」則思「君臣之分」，見「平等」即慮「父子之別」，這才是他們所關注的。用今日的話說，這些人擔憂的是對既存政治和社會秩序當下及潛在的衝擊。[86] 他們恐怕很難想到「資本主義」和「封建主義」的先進與落後，也並不了解「民權」與「平等」後面那一整套系統學理（且這些概念本身在近代西方也是變化中的而非固定的）。簡言之，當時新舊兩派對這些概念的理解與我們今日認知中後起而系統的西方意義有相當大的岐異，研究者只能據當事人的時代理解（也各不相同）去謹慎考察分析。

而時人在引進這些觀念或體制時更有其當下的思慮，這樣的「今典」尤須特別注意。譚嗣同說得很清楚：「言民權於此時，非第養生之類也，是乃送死之類也。」所謂「送死」，即譚所說的「亡後之想」。在膠州灣事件後列強瓜分中國的嚴重威脅之下，譚等以為中國難逃亡國命運。而據其對西方的虛擬認知，若中國成立國會並以國會而非君主政府與列強議和，或能使列強不瓜分中國；即使不行，在戰

---

86 民權和平等觀念影響到政治和社會秩序的穩定，這是關懷國事的士大夫都不能不慮及的，故對其有疑慮不一定就表明「守舊」。在1897年已在思考「西洋人人有自主之權」（彼時已思及此當不算舊）的楊度就認為「人人有權則父不能使子、君不能使臣，至於人人無自主之權矣」（轉引自楊念群：《儒學地域化的近代形態》，534頁）。這與賓鳳陽等的思路甚接近，後者也說：「今康梁所用以惑世者，民權耳、平等耳。試問權既下移，國誰與治？民可自主，君亦何為？是率天下而亂也。平等之說，蔑棄人倫，不能自行，而顧以立教，真悖謬之尤者」。《賓鳳陽等來書》，《虛受堂書札》，卷一，頁52B-53A。

而亡國之後，因中國是「有民權之地」，列強便不會像對待其它殖民地那樣對待中國。同樣，亡國之後，國家之「公產」會被入侵者據為己有，而以公司形式存在的「民產」則可保留。[87] 據我們今日對近代西方帝國主義的了解，譚對西方的認知中懸想的成分遠大於實際，然彼時新派正是在這樣的語境和心態下據其對西方的虛擬認知來提倡民權。若說新舊雙方都很少從民主與專制的對立層面去思考和因應民權一類主張，大致屬實。

雖然時務學堂和南學會的言論中「民權」與「平等」並不多，卻越來越成為舊派攻擊的目標（這也有些區別，葉德輝等師輩攻擊公羊學為主，賓鳳陽等學生則反擊「平等」更力）。有些言論也的確已針對及君主制甚至滿漢岐異（已為多人引用，此不贅）。當此之時，原來在不同程度參與新政的一些士大夫即面臨一個是否要與這樣的「維新」劃清界限以脫身的問題。不論他們內心對新政舉措有怎樣的觀感（比較接近的大約是一種「半肯半不肯」的態度），他們都不得不在當下違背朝旨和將來可能牽涉入「犯上」之罪這兩害之中做出選擇。

當《湘報》第20號於光緒二十四年三月初刊出易鼐的《中國宜以弱為強說》後，張之洞即知這種悖繆言論會引起「海內譁然」，而「有識之士，必將起而指謫彈擊」。張本人的一個反應即是立即停止其在湖北代傳播《湘報》之舉。而湖南也確有士紳聯名請在京湘籍官員奏請干預湘撫之新政事宜（先後有御史徐樹銘和黃鈞隆上奏，均奉旨留中）。據《國聞報》稱，湘紳函中有謂陳寶箴「紊亂舊章，不守祖宗成法；恐將來有不軌情事，不能不先事預防」等語。[88] 從張之洞和這些湘紳的言詞中，似不難看出他們選擇的是一個最為兩全的方

---

87 譚嗣同：《上陳右銘撫部書》，《譚嗣同全集》，上冊，276-280頁。

88 這些文獻在黃彰健文中已詳細引述，參見其《戊戌變法史研究》，371-390頁。黃先生已注意到，兩次反新政的奏摺（前摺未見全文）中尚未見涉及民權等敏感言論。

式：既不直接反對新政，又表明了對一些新派言論的不認同，為以後可能的「秋後算帳」預留了餘地。

但使舊派最覺尷尬而難以應付的是光緒帝在六月二十三日和七月二十九日上諭中對陳寶箴進行表彰鼓勵，尤其六月二十三日上諭指示對「有意阻撓、不顧大局」之縉紳「必當予以嚴懲」。在此情形下，舊派能做出何種持續的反應實難預料。據南學會佐辦黃膺七月二十四日給皮錫瑞的信，上諭使湖南「新黨之氣大伸，舊黨已如爐火。聞中丞、學使有合參葉之說。新黨有長沙大痞王麻、湘潭大痞葉麻行狀，院試散給考生」。可知湖南新派得上諭支持後確曾有大幹一場之意，然未及動手，朝局已變。皮接此信時已獲悉政變消息，預感到「大局既翻覆」，則「舊黨必死灰復然〔燃〕」。[89]

但新派未能及時利用上諭作出有力反擊的一個原因是那時中下層新派先已因各種原因而實際瓦解，主要人物中梁啟超、皮錫瑞、譚嗣同、黃遵憲等先後離湘。[90] 造成新派實際瓦解的原因甚多，其中新派自身的策略調適是一個重要因素。許姬傳後來回憶說：在湖南地方實力守舊派的掣肘下，推行新政遇到了阻力。湖南學政徐仁鑄乃請其父徐致靖（翰林院侍讀學士）保薦康、梁、黃、譚等，「改變方針向中樞發展」。[91] 按許姬傳是徐致靖的外孫，自幼隨其外祖讀書，且自稱與許多當事人交談過，其說當有所本。

當初譚嗣同曾說「海內能興民權者」唯陳寶箴，故新派的「亡後之想」計劃中一直希望能在湖南建立一個基地，以作為復興中國之

---

89 皮錫瑞：《師伏堂日記》，光緒二十四年八月十日。

90 參閱黃彰健：《戊戌變法史研究》，398-405頁。但黃氏稱舊派因抓住新派「悖逆」的把柄而有恃無恐，恐怕太低估了上諭在那時的威力。具體的史實重建只能俟諸另文。

91 許姬傳：《許姬傳七十年見聞錄》，北京：中華書局，1985年，18-19頁。

本。[92] 如果新派轉往京師發展是實，則意味著湖南新派在思想上有一個大轉折，即不再留湖南一隅為國家民族的復興之地，而轉認為可以自上而下地救中國於不亡。是因為列強瓜分的威脅有一度的鬆懈，還是因為其它人也像康有為一樣突然發現光緒帝賢明，或者是康的觀念影響了其它人？這個問題還值得細考。但這一策略調適對湖南新舊力量的對比發生了相當影響大致是不錯的。新派的星散大約也給舊派以鼓勵，使其並未完全放棄爭鬥的努力。結果，舊派雖或不過再堅持一下而已，卻適逢北京政變，終在新舊之爭中偶然取勝。

## 四　餘波

或可以說，戊戌前後湖南新舊人物的社會分野與其思想觀念並不完全成比例：社會分類上的舊派中人有頗具新意識者，而新派中人也有不少舊觀念；兩派以及各派之中不同人物的思想、心態與社會行為均可見明顯的相互參伍及錯位。且這一現象的縱橫範圍尚不僅限於戊戌時期的湖南，大致為此後中國一個相當普遍的共相。從十九世紀後期開始，新舊之爭成為近代中國一個持續的現象，但新與舊的區分標準以及不同時期的新舊社會分野卻隨時而變。

民國代清後，隨著時代的變遷，戊戌時湖南的新舊分野即漸失意義。民國的新舊已另有區分的標準，而前此新舊角色又有所轉換。當年變法時鼓吹開議會的梁啟超，到民初乃助當局解散國會。對梁這一反覆作為，戊戌時湘撫陳寶箴的後人陳寅恪頗不滿，特別指出梁本在戊戌時主張開議會，「自戊戌政變後十餘年，而中國始開國會，其紛

---

92 譚嗣同：《上陳右銘撫部書》，《譚嗣同全集》，上冊，279頁。黃彰健已多次述及湖南在新派「亡後之想」計劃中的重要地位。參見其《戊戌變法史研究》之前三篇長文。

亂妄謬，為天下指笑。新會所嘗目睹，亦助當政者發令而解散之矣」。[93]

而中國的實際政治也在變化。一九一三年湖南都督湯薌銘與葉德輝起爭執而逮捕葉，時任總理的熊希齡明電申救，而梁啟超也為葉「致書薌銘兄化龍（時任眾議院議長），懇切責問」。[94] 據說這一事件最後導致在各省設置文職的巡按使，部分實施軍民分治。則在實際政治中，文武之爭漸有取代原來的新舊競爭之勢。在此新興的文武之爭中，戊戌時與葉德輝對立特甚的熊、梁兩人，卻已與葉站在同一條陣線之上。前後十五年間，時代的變化不可謂不巨大。

大約又十五年後，新舊更有新的區分。熊、梁、葉又發現他們都已不同程度地落伍，大致偏向於前此對立的北洋軍閥，而共同站在新興的北伐軍的對立面一邊。葉德輝在戊戌當年談到湖南特別受粵人康有為的「流毒」時說：「湘人尚志節，粵人尚忠義；地本接壤，風氣多同；唇齒之依，當在異日，而斷非一二浮薄少年所能聯屬，此可據理以斷者。」[95] 到北伐時，葉的預言部分實現，廣東和湖南共為北伐軍重鎮。然湘粵之聯屬，恰為葉氏更不齒的「一二浮薄少年」所為；葉本人也終不為其所容，死於北伐少年槍下。彼時反思，或者時務學堂之人尚屬可以接受的了。

到一九三一年六月，胡適應葉德輝的學生楊樹達之請，為葉的遺墨題了一首追悼詩說：

　　郋園老人不怕死，槍口指胸算什麼！生平談命三十年，總算今

---

93 參陳寅恪：《讀吳其昌撰〈梁啟超傳〉書後》，《寒柳堂集》，149-50頁。按陳語含蓄，看似指斥民初國會的「紛亂妄謬」，其實是說梁的行為反覆「為天下指笑」。

94 《郋園學行記》，141頁。

95 葉德輝：《郋園書札・與戴宣翹書》，頁20B-21A。

天輪到我。

殺我者誰？共產黨。我若當權還一樣。當年誓要殺康梁，看來同是糊塗帳。

你們殺我我大笑。我認你們作同調。三十年中是與非，一樣殺人來「翼教」。

胡適對當年的「是非」是有明確立場的，他指出：「戊戌變法時代，葉德輝與王先謙代表湖南的反動思想，攻擊康梁的革新運動。」[96] 三十年後，新舊的載體固已大變，而「是非」卻彷彿仍依其舊。在當時已開始「落伍」的新派胡適看來，康、梁、王、葉都是過眼雲煙，無疑都已甚舊。然而他眼中「反動」的葉德輝與「革命」的北伐少年之異曲「同調」，雖然提示著他對國民黨「清黨」時因思想而殺人甚為不滿這一今典，似乎還隱約透露出一層更深的憂慮：

假如三十年來中國政治真是並無大的進步，以前固可歸咎於各時期的「反動思想」或各種不徹底的「革新思想」，然胡適這批新文化人「講學覆議政」也已十餘年，他們個人多已得大名，其政治的參與卻不曾給中國政治帶來什麼大的改進。特別是北伐時「新派」的社會行為竟然落入三十年前舊派思路的窠臼，則新文化運動在國民性的改變方面不僅沒有多大的成績，反而顯出有所退步。作為新文化運動的主要提倡者，胡適必然是別有一番滋味在心頭。

「退化」的觀念是那時相當一部分讀書人持續的共識。楊蔭杭在

---

96 胡適：《胡適的日記（手稿本）》，臺北：遠流出版公司，1989-1990年，1931年6月18日（原書無頁）。按葉德輝被殺時湖南國共並未分家，實不能肯定其為共產黨所殺；不過那時胡適剛與新當政的國民黨結束其不小的糾紛（參閱羅志田：《前恭後倨：胡適與北伐期間國民黨的「黨化政治」》，《近代史研究》1997年4期），所以姑以那時人人可攻擊的共產黨為標的。

一九二〇年底曾說：「今日中國新文化，有『逆水行舟，不進則退』之勢。他國學生出全力以求學問，尚恐不及。中國學生則紛心於政治，幾無一事不勞學生問津，而學殖安得不荒？則知今日中國新學風，有江河日下之勢。」[97] 又二十多年後的一九四五年，陳寅恪在思及戊戌變法時也感到：「驗以人心之厚薄、民生之榮悴，則知五十年來，如車輪之逆轉，似有合於所謂退化論之說者。」在此心態下的陳氏自己「論學論治，迥異時流」。而外在時勢卻仍然在趨新的道路上「進化」，並形成所謂「話語權勢」的控制力量，使「落後」者不得不自我禁抑。故陳氏「論治」的觀念，一直「迫於事勢，噤不得發」。[98]

　　一般而言，中國近代明確的新舊之分，即在戊戌變法之時。從長遠看，在整個近代中國的新舊區分上，楊、陳、胡等人大體都曾屬於偏新的一邊，而又不免相繼「落伍」。尤其是不少曾經趨新的人物在不斷更新的時勢下雖然心存「落後」觀念，卻「迫於事勢，噤不得發」這一現象，提示我們對近代中國尊新的程度，及新舊之分和新舊之爭的曲折微妙，還可作更多面相和更深層次的探索。過去對不同時期新舊人物社會角色的更替之所以認識不足，或者正基於我們對戊戌前後新舊之分初起時各類人物在思想觀念和社會角色等方面的錯位與互動，仍缺乏深入的理解。不僅湖南，整個戊戌變法時期的新舊之爭，應該還可以在史實重建的基礎上作進一步的探索、解讀和詮釋。

原刊《歷史研究》一九九八年五期

---

97 《申報》，1920年12月20日，收楊蔭杭：《老圃遺文輯》，武漢：長江文藝出版社，1993年，163頁。

98 陳寅恪：《讀吳其昌撰〈梁啟超傳〉書後》，《寒柳堂集》，149-50頁。

# 他永遠是他自己
## ──陳獨秀的人生和心路[*]

　　在二十世紀的中國歷史上，有一位親身參與了從辛亥革命到抗戰幾乎所有重大事件的大人物，他就是生於安徽懷寧（今安慶市）的陳獨秀（1879-1942）。陳氏的一生，可謂命途多舛（一次被綁，四度入獄），又充滿傳奇色彩──他是晚清秀才，文字卻偏向《文選》一脈。他又是留學生，然不以留學聞，甚至究竟到過幾國留學，後人都不能肯定。他在清末就參與了著名的《國民日日報》的編撰，可是迄今也不確定其中哪些文章是他所撰寫。他是清季《安徽俗話報》的創辦者，那時便關注「國家」和讀書不多的人；入民國後，又創辦了《新青年》，[1] 提倡文學革命和倫理革命，可以說隻手掀動了新文化運動的大潮。

　　陳獨秀性格鮮明，被好友稱為「終身反對派」；然而他對自己所提倡的事業，卻「不容他人反對」。他數次留學日本，尊崇法國文化，卻在「五四」後明確提出「拿英美作榜樣」的主張，又身與「以俄為師」的實踐，一身而映射出現代中國學習榜樣的轉向、思想權勢的轉移。他是中共的創建人和早期領袖，卻被中共開除；不久又以中

\* 本文初稿承北京大學周月峰、王波、魯萍、梁心、薛剛、高波等同學糾謬，謹此致謝！

1 按該刊初名《青年雜誌》，次年因辦有《上海青年》的基督教青年會提出商議，改名《新青年》（參見汪原放：《回憶亞東圖書館》，上海：學林出版社，1983年，32頁）。以下除個別行文和正式注釋外，一般稱《新青年》。

共首領身分被當局拘捕，身陷囹圄。他的北大朋友認為他曾是自由主義者，他的中共同事發現他不懂馬列主義。他以一個「沒有父親的孩子」開啟自己對童年的回憶，帶著「世無朋友實淒涼」的感覺離開了人世。[2]

這樣充滿對立、緊張和顛覆的傳奇人生，起伏跌宕，有時就在轉瞬之間，對當事人恐怕不輕鬆，對研究者則可能是財富，需要進一步體會。且陳獨秀自號「獨秀山民」，也被他人視為「不羈之才」，[3] 實非隨波逐流之輩。然而他的一些人生重大轉換，又常在須臾之間，表現出「與時俱進」的一面。雖可說是往往走在時代前面，或如他自己所說是「事實迫我不得不如此」，但這樣變動不居，又如何堅持他固有的本色和思想的獨立？這些顯然都還有可以探討和陳述的餘地。

## 一　發出時代的聲音

從少年時候起，陳獨秀就不算默默無聞，只不過聞名的範圍不同。他十七歲以第一名進學成為秀才，在當地就是名人。後來留學日本剪監督之辮，回鄉組織安徽愛國會，到參與辛亥革命和二次革命，在東京和安徽，均非碌碌無名之輩。[4] 但真正使他名滿天下的，還是他的文章和他所辦的刊物，特別是《新青年》。還在一九一四年，陳獨秀已因發出了時代的聲音，在遭到短暫的「舉世怪罵」之後，很快

---

2　陳獨秀：《實庵自傳》（1937年11月），《陳獨秀著作選編》，任建樹主編，上海：上海人民出版社，2009年，第5卷，201-205頁；汪原放：《回憶亞東圖書館》，200頁。

3　這是湯爾和的看法。湯氏曾向蔡元培推薦陳獨秀任北大文科學長，後來又向蔡氏獻計使陳解職，部分正可能是發現了陳獨秀是一個「不羈之才」。參見湯爾和致胡適，1935年12月29日，《胡適來往書信選》，北京：中華書局，1979年，中冊，291-292頁。

4　這方面的內容，可參見鄭學稼：《陳獨秀傳》（上），臺北：時報出版公司，1989年，27-128頁；任建樹：《陳獨秀大傳》，上海：上海人民出版社，1999年，29-96頁。

成為具有預見的先知；他自己也因此改變了對世人和出版的悲觀，以創辦《新青年》開始了人生的新路。

先是袁世凱在一九一三年秋間被國會選為正式大總統，不久即解散國會，使很多讀書人對共和的期望變成了失望。因參加二次革命而逃亡在外的陳獨秀於次年致函編輯《甲寅》雜誌的章士釗說，「國政巨變，視去年今日，不啻相隔五六世紀」。一年間的改變，竟不啻五六百年，強有力地表述出「國政巨變」對讀書人的衝擊。陳氏把那時的中國人分為兩部分，一是「官吏兵匪偵探」，一是其餘所有處於「生機斷絕」狀態的人。在這樣的局勢下，「外人之分割」反成為「國人唯一之希望」，他自己也準備趕快學習世界語。[5]

最後一語大概是故意言之，以彰顯中國可能被外人分割的判斷。不久陳獨秀為《甲寅》撰《愛國心與自覺心》一文，再申中國「瓜分之局」已不可逃，更提出「國不足愛，國亡不足懼」的痛言。[6] 該文引起大嘩，《甲寅》「獲詰問叱責之書，累十餘通」。但約半年後，當初不得不因陳文而「遜謝」讀者的章士釗卻說，「愛國心之為物，不幸卒如獨秀君所言，漸次為自覺心所排而去」。甚至梁啟超新近發出之「驚人之鳴，竟至與舉世怪罵之獨秀君合轍，而詳盡又乃過之」。故陳文實「寫盡今日社會狀態」，不啻「汝南晨雞，先登壇喚耳」。[7]

《愛國心與自覺心》一文發表於一九一四年十一月，次年初即有日本「二十一條」的提出，雖印證了「亡國」的現實緊迫性，然而在

---

5　CC生（陳獨秀）：《生機——致〈甲寅〉記者》，《甲寅》，1卷2號（1914年6月），15頁（欄頁）。

6　獨秀：《愛國心與自覺心》（1914年11月發表），《陳獨秀著作選編》，第1卷，146-150頁。

7　秋桐：《國家與我》，《甲寅》，1卷8號（1915年8月），1-2頁（文頁）。按梁啟超的「驚人之鳴」指其稍後發表的《痛定罪言》一文（詳後）。此事並可參見沈寂：《再論陳獨秀與新文化運動》，《中共黨史研究》，1999年3期。

危難之際，舉國興起一股「愛國」的高潮，與陳文主旨適相對立。在
這樣的情景下，何以陳獨秀反能以先見之明警醒世人呢？一是因為他
的意見反映了當時讀書人的一個傾向，即眼光向外，探尋中國問題的
外在解決；[8] 更因為袁世凱政府未能審時度勢，很快開始大舉「籌備
帝制」，引起很多人的反感。

以共和制取代帝制，本是中國數千年未有的大變局。嘗試一種前
所未有且所知不多的全新政治體制，對任何個人和群體，皆非易事。
入民國後，用當時人的話說，國體改變已是定局，對新政治模式的探
索，主要落實在政體層面。觀各類非「革命派」人士的言論，不論其
內心是否贊同民國，大體都在接受國體改變的現實之下，探討未來政
治運作的各種可能性（康有為等更將政治提升到政教的高度）。[9] 而
「籌備帝制」的舉動，一方面把國人對共和的思考從政體引回到國體
層面，同時也使國人本已外向的眼光又被引回國內。

從晚清開始，由於時人強調從「大一統」向「列國並立」的轉
換，「國家」很大程度上從縱向的上下關係轉為橫向的中外關係（例
如，「國樂」以前是指最上層的國家級樂典，而後來則專指與異域音
樂區分的中國音樂。兩者大致是「國家」的代表，但一是內在的，側
重上下；一是外在的，指謂各國之一的中國）。因此，當眼光向外
時，更容易體現國與民的一致；而眼光一旦內轉，便可能看到國與民
的對立。

---

8 稍後的一個顯例是，在1918年第一次世界大戰結束後的幾個月間，中國人對巴黎和
會充滿嚮往，甚至一度出現把中國問題的解決寄託於外在變化的樂觀期望。參見羅
志田：《六個月樂觀的幻滅：「五四」前夕的士人心態與政治》，《歷史研究》，2006
年4期。

9 如以殉清而自殺的梁濟，便曾給民國以機會，表示若民國真做得好，他就可以接受
共和而不必殉清。參見羅志田：《對共和體制的失望：梁濟之死》，《近代史研究》，
2006年5期。

就袁世凱一方而言，走向帝制或許是解散國會之後的自然發展。但其間的「二十一條」風潮大大改變了民風士氣，在中國興起一股強勁的民族主義風潮；如何憑藉此東風以整合內部，既是當政者的機遇，也是其所面臨的問題。從技術層面言，當年北京政府在外交上不無成功之處；然其最終對日屈服，仍成為國恥的象徵。[10] 此時不展現「臥薪嘗膽」的雪恥意願，反欲改變國體，適從政府角度予人以「國不足愛」的觀感。

國人眼光由外向內轉換，便有人想起了被解散的國會。包公毅即慨歎，自從「國民意思之機關」被取消後，國民雖有熱心，卻無「正常之機關以代表民意」。[11]《申報》一位重要撰稿人分析說：正因國與民之間沒有聯絡機關，則「國自為國，民自為民。故民雖欲愛國，而無法可愛；民雖欲救國，而無法可救」。[12] 這裡民意的「代表」，即代為表述（representation）民意之本義，故他們雖從通上下的傳統思路在思考「國」與「民」的「聯絡」，卻也直達代議制的本源。

用章士釗的話說，當時中國的問題在於「國與人民全然打成兩橛」。[13] 如果這是一個新現象，當然也就是共和制度下出現的新問題。換言之，在帝制改共和這一根本轉變之下，「國」與「民」的關係顯然需要釐清和重構。陳獨秀敏銳地感覺到，在對共和失望的普遍焦慮中，形成了國與人民兩分的語境。他的文章雖有些言過其實的故意表述，[14] 其核心恰在探討民國新政治模式裡「國」與「民」的關

---

10 關於「二十一條」，參見Zhitian Luo, "National Humiliation and National Assertion: The Chinese Response to the Twenty-one Demands," *Modern Asian Studies*, vol. 27, no. 2(May 1993), pp. 297-319.

11 笑（包公毅）：《亦有國民意思之機關乎？》，《時報》，1915年2月22日，6版。

12 訥：《我國人亦思及此乎？》，《申報》，1915年5月11日，11版。

13 秋桐：《愛國儲金》，《甲寅》1卷8號，6頁（文頁）。

14 清末民初不少士人以為，由於社會的惰性，只有說革命才能實現改革；結果，以

係，呼應了許多讀書人之所思，並言及其所欲言。[15]

民初的幾年間，並非「世無英雄，遂使豎子成名」的時代。比陳獨秀大不了多少而早享大名的嚴復、章太炎、康有為、梁啟超等皆健在（影響最大的梁啟超比陳僅大幾歲），並未停止其努力。陳獨秀能一舉引起矚目，即因其隻眼獨具，提出了很多人積蓄於心中的關鍵問題，發出了時代的聲音。當年多數讀書人並不熟悉共和新制背後所蘊含的學理基礎，難以區分「國家」和政府；[16] 政府既然以其行為證實「國不足愛」，遂使陳獨秀引起「舉世怪罵」的言論，反成為帶有先知先覺意味的預言。

章士釗看到了陳獨秀文章的示範作用。不過短短幾個月，思其所思、言其所言者頗眾，其中不乏重要人士。如名記者陳景韓公開宣稱：「今後之所望者，非他國之援助也，非政府之作為也，我國民而已。」[17] 他不僅呼應了陳氏棄政府而寄望於國民的觀念，其所謂「他國之援助」，也因應著陳獨秀所說的「瓜分」。而梁啟超在一九一五年六月發表的《痛定罪言》，更以主要篇幅討論外國因素的影響和中國士人的自覺。[18]

---

「故意激進」的言論刺激聽眾，成為一種持續的言說模式。參見羅志田：《權勢轉移：近代中國的思想、社會與學術》，武漢：湖北人民出版社，1999年，60-61、282-284頁。

15 章士釗和李大釗都看到了這一點，並參見李大釗：《厭世心與自覺心——致〈甲寅〉記者》，《甲寅》1卷8號，7-14頁（欄頁）。

16 那時認識到區分政府與國家重要性的是章士釗，他強調：「今茲之所招厭於國民而吐棄之者，政府耳。於國家無與也。」故應「嚴為國家與政府之分」，人民「愛國可耳。決不能使此倚國家為祟之惡政府並享吾愛也」。秋桐：《愛國儲金》，《甲寅》，1卷8號，2-6頁（文頁）。其隱含的邏輯思路仍在聲援陳獨秀，即由於一般人未能區分政府與國家，為了不讓政府分享其愛，人民其實可以不那麼愛國。

17 冷（陳景韓）：《沉毅果決之國民》，《申報》，1915年5月13日，2版。

18 梁啟超：《痛定罪言》，原刊《大中華》1卷6期（1915年6月），收入《飲冰室合集．文集之三十三》，北京：中華書局，1989年，1-9頁。

　　傳統中國社會雖然主張以民為本，負「澄清天下」之責的，卻是四民之首的士。伴隨著四民社會的解體，晚清逐漸興起把國家希望寄託在一般人民之上的「民」意識。[19] 但這一新興的「民」並未表現為一個思慮相近的整體，恐怕也不一定有承擔天下重任的自覺意識。陳獨秀強調自覺心重於愛國心，已隱約提出解決中國問題要從「國」轉向「民」。而「自覺」的提出，尤意味著每一個體之「民」都需要有所提高，以認識到自身的責任。

　　不過，當「民」之規模乃數以億計之時，他們就是有參與政治的意願，也缺乏參與的實際可行性，何況多數老百姓並無參與的願望。而當時正在興起的青年學生，社會地位雖尚處邊緣，卻既有參與的意願，其數量也大到足以左右其身與之事業。陳獨秀在致《甲寅》的通信中曾對舉國之人多「無讀書興趣」深感失望，也不看好辦雜誌。[20] 但其文章引起的熱烈反響，可能改變了他的認識。章士釗在討論陳文社會反應時特別指出：那時「國中政事，足以使青年之士意志沮喪，莫知所屆者，日進而未有已」。[21] 這一觀察，或許對陳獨秀有所提示。他隨即決定創辦《青年雜誌》，專注於讀書人中的青年一輩。[22]

　　或因其自身地位不那麼顯赫，或因其對菁英讀書人的失望，陳獨秀似比當時多數人更早體察到中國社會變動產生的新力量（梁啟超也曾看重少年，但其主要關注仍在已確立社會地位的菁英身上）。《青年雜誌》創刊後不久，復由於偶然因素而更名《新青年》，無意中把範

---

19　參見柯繼銘：《理想與現實：清季十年中國思想中的「民」意識反思》，《中國社會科學》，2007年1期。

20　CC生（陳獨秀）：《生機──致〈甲寅〉記者》，《甲寅》，1卷2號，15頁（欄頁）。

21　秋桐：《國家與我》，《甲寅》，1卷8號，1頁（文頁）。

22　按陳獨秀本參與《甲寅》編務，他創辦《青年雜誌》，也與《甲寅》被迫停刊相關。參見楊琥：《〈新青年〉與〈甲寅〉月刊之歷史淵源》，《北京大學學報》，2002年第6期。

圍縮小到青年中的趨新者之上，反增強了影響力。這些直覺和遠慮交織的選擇，固半帶偶然，卻適應了中國社會變動的新趨勢。在聽眾決定立說者命運的時代，陳獨秀和《新青年》一呼百應的契機，已然具備。

## 二　從國家到個人的覺悟

一九一五年九月，《青年雜誌》刊行，陳獨秀在《社告》中明言：「國勢凌夷，道衰學弊。後來責任，端在青年。本志之作，蓋欲與青年諸君商榷將來所以修身治國之道。」他進而提出：「今後時會，一舉一措，皆有世界關係。我國青年，雖處蟄伏研求之時，然不可不放眼以觀世界。」[23] 這就確立了刊物的兩個主要傾向，一是面向青年，一是面向世界。同時也明確了該刊的宗旨，就是要從「道」和「學」這樣的基本層面著手。該刊第一期除了國內外「大事記」欄，基本不及政治。陳獨秀並在「通信」中申明：「改造青年之思想，輔導青年之修養，為本志之天職；批評時政，非其旨也。」[24]

那時的中國並非風平浪靜，正發生著辛亥鼎革以來的政治大變。一九一五年十二月，袁世凱稱帝。一九一六年春，袁世凱放棄帝制，不久去世。與帝制的短暫重現同時，還出現了所謂「再造共和」的武裝局面。這些名副其實的「國家大事」，此後一兩年間的《新青年》均未曾正式議論（仍僅在「國內大事」欄述及），確實體現了無意「批評時政」的辦刊意向。對中國面臨的問題，陳獨秀正探索著某種更為深遠的最後解決。

---

23 陳獨秀：《社告》，《青年雜誌》1卷1號（1915年9月），1頁。
24 記者（陳獨秀）：《答王庸工》，《青年雜誌》1卷1號，2頁（欄頁）。

在該刊第一篇文章中，陳獨秀即希望「新鮮活潑之青年」能「自覺而奮鬥」。所謂自覺，是「自覺其新鮮活潑之價值與責任，而自視不可卑」；不應像很多人那樣，年齡是青年，而身體和腦神經已進入老年。至於奮鬥，則是「奮其智能，力排陳腐朽敗者以去，視之若仇敵，若洪水猛獸，而不可與為鄰，而不為其菌毒所傳染」。[25] 一年後刊物更名《新青年》時，他更借機辨析說，「新青年」不僅要從生理上和心理上區別於「老者壯者」，也要有別於那些身心接近老者壯者的「舊青年」。[26]

基本上，新刊物仍在貫徹陳獨秀此前關於「愛國心」與「自覺心」的論旨。陳獨秀強調，只有「敏於自覺勇於奮鬥」的少數青年以「自度度人」自任，然後中國「社會庶幾有清寧之日」。在士人以天下為己任的時代，「澄清天下」本是他們的責任，如今陳獨秀基本把這一責任轉移到少數「新青年」身上了。為此他提出六個努力的方向，即自主的而非奴隸的、進步的而非保守的、進取的而非退隱的、世界的而非鎖國的、實利的而非虛文的、科學的而非想像的。[27] 同期雜誌還刊發了高一涵的《共和國家與青年之自覺》，[28] 進一步把「國」與「民」的關係落實到新的「共和國」與「青年」之上，並強調後者的「自覺」。

陳獨秀隨即撰寫《今日之教育方針》一文，提出教育的責任在民間不在政府，而教育方針，應側重了解人生之真相、個人與社會經濟之關係、未來責任之艱巨等。其中最重要的，仍是要明確國家的意義，以釐清國與民的關係。他認為，歐洲近世文明已達國家主義階

25 陳獨秀：《敬告青年》（1915年9月），《陳獨秀著作選編》，第1卷，158頁。

26 陳獨秀：《新青年》（1916年9月），《陳獨秀著作選編》，第1卷，208-210頁。

27 陳獨秀：《敬告青年》，《陳獨秀著作選編》，第1卷，159-163頁。

28 高一涵：《共和國家與青年之自覺》，《青年雜誌》1卷1號，1-8頁（文頁）。

段，惟國家過盛，不免侵害人民權利，於是興起「惟民主義」，強調主權在民，實行共和政治。中國的國情，國民猶如散沙，國家主義實為自救之良方。但應了解「近世國家主義，乃民主的國家，非民奴的國家」。人民應自覺自重，不必事事責難於政府，也無需爭什麼「共和國體」。只有「惟民主義之國家」，才是「吾人財產身家之所託」。[29]

此時陳獨秀所說的「民主」，仍對應於君主；而「惟民主義」，或即後來流行的德莫克拉西，卻意近共和。三年後他還在說，「現在世界上有兩條道路：一條是向共和的科學的無神的光明道路；一條是向專制的迷信的神權的黑暗道路」，而新派人物「總算是傾向共和、科學方面」。[30] 這裡共和與科學的並列，大約就是稍後膾炙人口的德先生和賽先生之濫觴。而對應於德莫克拉西的，正是共和。所以，陳獨秀所鼓吹的「惟民主義之國家」，側重於共和政治的政體層面，而非其國體層面（即對應於君主的民主）。

在一九一六年發表的第一篇文章中，陳獨秀除預測中外局勢均會大變外，進一步強調「除舊布新」的徹底性，主張對一九一五年以前「皆以古代史目之」，一切都從一九一六年重新開始，「一新其心血，以新人格，以新國家，以新社會，以新家庭，以新民族」。只有「民族更新」之後，中國人才有「與晰族周旋之價值」和「食息此大地一隅之資格」。必懷此希望者，才可稱為青年。而青年具體的努力，則在於自居征服地位而不能被征服，「尊重個人獨立自主之人格」而不為「他人之附屬品」，通過「各自勉為強有力之國民」，使中國的「黨派運動進而為國民運動」。[31]

一個月後，陳獨秀「盱衡內外之大勢，吾國吾民，果居何等地

---

29 陳獨秀：《今日之教育方針》（1915年10月），《陳獨秀著作選編》，第1卷，170-175頁。
30 陳獨秀：《克林德碑》（1918年11月），《陳獨秀著作選編》，第1卷，446-447頁。
31 陳獨秀：《一九一六年》（1916年1月），《陳獨秀著作選編》，第1卷，197-200頁。

位，應取何等動作」，寫出了著名的《吾人最後之覺悟》。他提出，首先要從政治上覺悟到「國家為人民公產」，中國「欲圖世界的生存，必棄數千年相傳之官僚的專制的個人政治，而易以自由的自治的國民政治」。由於最終影響政治的是倫理思想，中國「多數國民之思想人格」必須變更，要在政治上自覺其居於主人的主動地位。若「倫理問題不解決，則政治學術皆枝葉問題」。故「倫理的覺悟，為吾人最後覺悟之最後覺悟」。[32]

　　釐清「國」與「民」的關係以建設一個現代的國家，是陳獨秀一生言論的核心。這一系列文章表明，陳獨秀關於「國」與「民」關係的思考已大致定型。此時他最為關注的，是改善中國和中國人在世界的地位；即以「民族更新」為基礎，與白種的歐洲競爭，為中國爭取「世界的生存」。所有這些，都取決於中國人的自覺，使「國民」而非「國家」居於政治的主動地位，以實現他所期望的「惟民主義之國家」。

　　在此從「國家」到「國民」的傾斜之中，對「自覺」的強調，意味著群體性「國民」的努力，必須落實在每個「國民一分子」身上。陳獨秀實已指向「個人」的自覺，並更多寄希望於青年。在此後的幾年中，有「我」日益成為趨新言說中的一種「必須」；從生活到學術的討論，處處可見「我」的存在。

　　而不論「國民」是群體的還是個體的，思想、倫理等方面的改造都成為了首要的努力目標。陳獨秀提出從「政治」到「倫理」的覺悟層次，就是要將側重點從「政治」上的努力轉向「文化」， 具體主要表現在兩個方面，一是與思想之表述相關的文學革命，一是與思想本身相關的倫理革命。

---

32 陳獨秀：《吾人最後之覺悟》（1916年2月），《陳獨秀著作選編》，第1卷，201-204頁。

## 三　從文學到倫理的文化革命

　　當年所謂文學革命，主要是表述方式（文體）的革命。在中國傳統裡，文體與個性本密切相關。顧炎武在討論歷代文體轉變時曾說，「詩文之所以代變」，是因為「用一代之體，則必似一代之文，而後為合格」。但「一代之文沿襲已久，不容人皆道此語」；且後人總是摹仿前人之陳言，也不利於表述自我。結果，「不似則失其所以為詩，似則失其所以為我」。這一文體與自我之間的緊張，即是文體不能不變之「勢」。[33] 有這樣的傳統，在民初自我彰顯之時，表述方式首先成為關注的焦點，也是自然的發展（方式轉變確立後，表述者本身及表述的內容一類問題才應運而提上議事日程）。

　　先是胡適在一九一六年初致函陳獨秀，提出「文學革命」之八項主張。後在陳獨秀鼓勵下正式成文，則易言為「文學改良」，將其在《新青年》通信中已引起爭議的八項主張正式提出，即須言之有物，不摹做古人，須講求文法，不作無病之呻吟，務去濫調套語，不用典，不講對仗，及不避俗字俗語。陳獨秀更進而撰寫《文學革命論》以響應，他一面指出胡適是首舉文學革命義旗的急先鋒，他自己不過是在「聲援」；同時仍提出了有些不同的「三大主義」，即推倒雕琢的阿諛的貴族文學，建設平易的抒情的國民文學；推倒陳腐的鋪張古典文學，建設新鮮的立誠的寫實文學；推倒迂晦的艱澀的山林文學，建設明了的通俗的社會文學。[34]

---

33　顧炎武：《日知錄・詩體代降》，我所用的是黃汝成《日知錄集釋》本，長沙：嶽麓書社，1994年，747-748頁。

34　胡適致陳獨秀、陳獨秀復胡適，《新青年》，2卷2號（1916年10月），1-4頁（欄頁）；胡適：《文學改良芻議》，《新青年》，2卷5號（1917年1月），1-11頁（文頁）；陳獨秀：《文學革命論》，《新青年》，2卷6號（1917年2月），1-4頁（文頁）。

　　然而兩人所提的具體方案，僅在《新青年》作者讀者中有進一步的討論；更多的人顯然並未側重「文學」本身的改與革，卻逐漸擁戴著提倡者走上以白話寫作之路。不論在時人的關注裡還是後人的記憶中，「文學革命」都逐漸演化為一場「白話文運動」。後者是一次名副其實的革命，成為整個新文化運動最持久的遺產，並真正改變了歷史——今日白話已徹底取代文言，成為幾乎唯一的書面表述形式；即使在所謂「象牙塔」的菁英學術圈裡，也很少有人能以文言寫作了。

　　如果說文學革命側重於思想的表述，陳獨秀同時也關注著思想本身的革命。那時的《新青年》，仍在貫徹不「批評時政」的宗旨。但陳獨秀所謂倫理的覺悟，本基於倫理思想決定政治運作的思路，故雖口不談政治，而意仍在政治。同理，文學革命也決非僅僅停留在表述層面，而自有一條從文學到思想、社會再到政治的內在理路。[35]

　　在陳獨秀看來，歐洲革命是全面的，包括政治、宗教、倫理道德和文學藝術；而中國革命則僅限於政治，且都虎頭蛇尾，不夠充分。由於革命鋒芒未曾觸及「盤踞吾人精神界根深蒂固之倫理道德文學藝術諸端」，故單獨的政治革命對中國社會「不生若何變化，不收若何效果」。有了這樣全面「革故更新」的視野，他就從「孔教問題喧呶於國中」看出了「倫理道德革命之先聲」，把當時討論廣泛的「孔教問題」與文學革命、思想革命都作為更大「氣運」的一部分，結合起來進行考慮。[36]

　　陳氏的思路很明確，即「新舊之間絕無調和兩存之餘地」。孔教「根本的倫理道德適與歐化背道而馳，勢難並行不悖。吾人倘以新輸

---

35 參見羅志田：《走向「政治解決」的「中國文藝復興」：「五四」前後思想運動與政治運動的關係》，《近代史研究》，1996年4期。

36 陳獨秀：《文學革命論》（1917年），《陳獨秀著作選編》，第1卷，289頁。

入之歐化為是，則不得不以舊有之孔教為非」。[37] 換言之，孔教之不能不「非」，實產生於歐化之「是」。正因新舊中西之間的對立，這些反傳統者又最能「看見」傳統的整體力量。用陳獨秀的話說：「舊文學、舊政治、舊倫理本是一家眷屬，固不得去此而取彼。」[38]

第一次世界大戰那幾年，中國讀書人對西方的了解進一步深化，在反對國際強權的同時又要推行歐化，於是出現了「西方的分裂」；與此同時，趨新者確實感知到來自「傳統」或「歷史」的整體壓力，於是出現了「中國傳統的負面整體化」。[39] 在這樣的語境下，陳獨秀稍後明確指出：「要擁護那德先生，便不得不反對孔教、禮法、貞節、舊倫理、舊政治。要擁護那賽先生，便不得不反對舊藝術、舊宗教。要擁護德先生，又要擁護賽先生，便不得不反對國粹和舊文學。」[40]

他們對西方不再全面崇拜，而是選擇了民主與科學；卻因感覺中國傳統是個整體，而必須全面反對。在此進程中，如傅斯年所說，陳獨秀「在思想上是膽子最大，分解力最透闢的人」。[41] 他特別擅長把學理的表述改為大眾化的口號，充分體現了他對群體心理的敏銳感覺和對讀者的理解。大體上，陳氏以倫理覺悟的主張把國人的注意力從政治轉出，走入文學和思想倫理的革命；又使這些後來被稱為「新文

---

37 陳獨秀：《答佩劍青年》，《新青年》3卷1號（1917年3月），11頁（通信欄頁）

38 陳獨秀：《復易宗夔》（按此函發表時原與胡適共同署名），《新青年》，5卷4號（1918年10月），433頁。

39 參見羅志田：《西方的分裂：國際風雲與「五四」前後中國思想的演變》，《中國社會科學》，1999年3期；《中國傳統的負面整體化：清季民初反傳統傾向的演化》，《中華文史論叢》第72輯（2003年6月）。

40 陳獨秀：《〈新青年〉罪案之答辯書》（1919年1月），《陳獨秀著作選編》，第2卷，10頁。

41 傅斯年：《陳獨秀案》，《獨立評論》第24號（1932年10月30日），7頁。

化運動」的努力，從文學、思想等走向全面反傳統的文化革命。

　　這些革命之所以能迅速影響到全國，也因為陳獨秀半偶然地成為北京大學的文科學長。這樣，《新青年》這一刊物及其作者群體（大部分為北大文科教授）的言說，就成了引起廣泛注意的全國性大事。[42]先是陳獨秀在一九一六年冬到北京募集股本以組織新的出版機構，適逢蔡元培將到北京大學任校長，遂聘陳獨秀為文科學長，一九一七年到任。陳氏本有教育經驗，也一向關注教育。在其擔任學長期間，北大文科的影響，可見明顯的擴充。當年北大的簡稱即是「大學」，從那種獨一無二的稱謂中，就不難理解該校文科學長的全國性影響了。

　　陳獨秀如何辦學，歷來稱述不多。他自己和胡適，也都曾在一九二〇年慨歎北大學術氛圍的淡薄。[43]但陳獨秀同年也特別指出，此時北大已確立了一種寶貴的「精神」，即「學術獨立與思想自由」。前者多對外，體現在「無論何種政治問題，北大皆不盲從」；後者偏於內，即「各種學說隨己所願研究」，而「毀譽不足計」。[44]這雖是陳氏讚揚校長蔡元培的話，應能代表他自己的努力目標。[45]多年後，經歷了國民黨「黨化教育」的學人，才進一步認識到這一精神的可貴，堅信其必「與天壤而同久，共三光而永光」。[46]

---

42　《陳獨秀與文學革命——胡適在北大之講演（續完）》，《世界日報》，1932年11月1日，7版。

43　《胡適之先生演說詞》（1920年9月17日），陳政記，《北京大學日刊》，1920年9月18日，3版；陳獨秀：《隨感錄·提高與普及》，《新青年》，8卷4號（1920年12月），5-6頁（欄頁）。

44　陳獨秀在北大旅滬同學會歡送蔡元培赴法宴會上致詞，引在《北大同學歡宴蔡子民》，《時報》，1920年11月24日，3張5版。

45　在《新青年》第1期上，高一涵就特別強調了青年自覺的要素是自由和獨立，應能反映刊物當時之所重視。參見高一涵：《共和國家與青年之自覺》，《青年雜誌》1卷1號，5-8頁（文頁）。

46　陳寅恪：《清華大學王觀堂先生紀念碑銘》（1929年），《金明館叢稿二編》，北京：生活·讀書·新知三聯書店，2001年，246頁。

## 四 從康、梁到胡、陳的時代轉折

如前所述，民初並非世無英雄的時代。此前影響最大的康有為、梁啟超等雖仍努力於思想界，卻如余英時師所指出的，「以思想影響而言，他們顯然都已進入『功成身退』的階段」。一個日新月異的時代，通常也是推陳出新的時代。從立言者角度看，胡適那時即因填補了中國思想界一段空白而「暴得大名」。[47] 從追隨者角度看，康、梁的許多追隨者或也隨時代之日新而「功成身退」，另一些或未能跟上時代而被推出了第一線。由於聽眾的縮減，立言者即使努力，也只能在有限的範圍裡繼續其典範地位。

陳獨秀在反駁康有為時曾指出，在中國這樣宗教信仰相對薄弱的社會，需有「高尚純潔之人物為之模範」，以構成「社會之中樞」。康氏曾是「吾國之耆宿、社會之中樞」，在民初卻面臨著是否能繼續「為小子後生之模範」的危機。[48] 這幾乎就是昔年追隨者的挑戰宣言，康有為之所以未能跟上日新月異的時代，很大程度上正因「小子後生」的不再擁戴，終被昔日的康黨陳獨秀所取代。[49]

胡適在一九一八年即注意到這一重要轉折，他曾說，那時的上海大舞臺就像中國的「縮本模型」，在臺上支撐場面的，「沒有一個不是二十年前的舊古董」。但他也看到了時代的變化：二十年前，是葉德輝等人在「罵康有為太新」；二十年後，是陳獨秀等在「罵康有為太

---

47 余英時：《中國近代思想史上的胡適》，收在胡頌平編：《胡適之先生年譜長編初稿》，臺北：聯經出版公司，1990年校訂版，第1冊，7-8頁。

48 陳獨秀：《駁康有為致總統總理書》（1916年10月），《陳獨秀著作選編》，第1卷，239-240頁。

49 陳獨秀在自傳中曾說他一生先後作過康黨、亂黨和共產黨。陳獨秀：《實庵自傳》（1937年11月），《陳獨秀著作選編》，第5卷，207頁。

舊」。這就是中國二十年來的「大進步」。[50]

簡言之，陳獨秀既因發出了時代的聲音而引起矚目，在立言方面占得了先機；又因關注到社會變遷的新興群體而贏得了大量追隨者（「五四」運動後學生的興起進一步確立了《新青年》的地位）；更因倡導從國家向國民、從政治到文化的轉向，而起到開風氣的作用。故聞其名的範圍迅速擴大，終形成全國性的影響。他與胡適一起，很快取代康、梁，成為代表時代的標誌性人物。

那時曾在湖南第一師範學校念書的毛澤東後來回憶說：他和周圍的同齡人，都受到《新青年》雜誌很大的影響，他自己更「非常欽佩胡適和陳獨秀的文章。他們『胡和陳』代替了已經被我拋棄的梁啟超和康有為，一時成了我的楷模」。[51] 這是趨新青年的記憶，而在守舊長者的印象裡，陳獨秀也是一方的代表。一九一八年以棄世警醒國人的梁濟，曾預測了世人各種可能的反應，對新的方面，他所猜測的即是「極端立新」的陳獨秀會大罵他「頭腦太舊」。[52] 作為「小子後生之模範」，康有為和梁啟超兩位廣東人被胡適和陳獨秀兩位安徽人所取代，是那時很多人的共識。

胡、陳兩人都在清季就開始用白話寫作，他們推動白話文運動，自然得心應手。且如余英時師所說，胡適更能看到「對中西學術思想的大關鍵處」，而陳獨秀則很快「把捉到了中國現代化的重點所在」，故能提出「民主」與「科學」的口號。[53] 兩人的個性一張揚而一穩重，也頗能互補。

---

50 胡適：《歸國雜感》，《新青年》4卷1號（1918年1月），20-26頁。
51 斯諾：《西行漫記》，董樂山譯，北京：生活・讀書・新知三聯書店，1979年，125頁。
52 梁濟：《戊午敬告世人書》，梁煥鼐、梁煥鼎編：《桂林梁先生遺書》，臺北：文海出版社1969年影印，95-96頁。
53 余英時：《中國近代思想史上的胡適》，13-14頁。

　　但正是陳獨秀的個性及其表述思想的方式和態度，造成很早就開始的「抑陳揚胡」現象。魯迅曾說：「假如將韜略比作一間倉庫罷，獨秀先生的外面豎起一面大旗，大書道：『內皆武器，來者小心！』但那門卻開著的，裡面有幾支槍、幾把刀，一目了然，用不著提防。適之先生的是緊緊地關著門，門上貼一條小紙條道：『內無武器，請勿疑慮。』這自然可以是真的，但有些人——至少我是這樣的人——有時總不免要側著頭想一想。」[54] 這話有其傾向性，但仍頗傳神，兩人一張揚而近於虛張聲勢，一防衛心重而謹言慎行，大體不差。這段有些「抑胡揚陳」的描述，也最能說明「抑陳揚胡」現象何以形成。

　　也許是巧合，陳、胡二人皆早年遭遇父喪，教養多自母親。陳獨秀對少年的回憶，即他「自幼便是一個沒有父親的孩子」。後來雖有繼父，但關係似不甚融洽。用胡適的話說，陳獨秀曾「實行家庭革命」。廣東方面，甚至傳聞他曾組織什麼「討父團」。[55] 而胡適雖提倡他人實行「家庭革命」，自己卻無表率的行為。再加上胡適對人一向溫和周到，陳獨秀則不注意細行。在特別注重人際關係的中國社會裡，這一差異非同小可。胡適一九二一年的日記曾說：外間傳說陳獨秀力勸他離婚而他不肯，「此真厚誣陳獨秀而過譽胡適之了！大概人情愛抑彼揚此，他們欲罵獨秀，故不知不覺的造此大誑」。[56] 這裡所說「人情」的「不知不覺」非常重要，提示著抑陳揚胡那時便已成時代認知（perception）。

---

54　魯迅：《憶劉半農君》，《魯迅全集》，人民文學出版社，1981年，第6卷，72頁。

55　陳獨秀：《實庵自傳》（1937年11月），《陳獨秀著作選編》，第5卷，201-205頁；《陳獨秀與文學革命——胡適在北大之講演（續完）》，《世界日報》，1932年11月1日，7版。

56　《胡適日記全編》（曹伯言整理，合肥：安徽教育出版社，2001年），1921年8月30日（9月1日眉批），第3冊，453頁。

在文學革命那次表述方式的革命中，表述方式本身也決定了社會認知和歷史記憶的形成。在一般認知和記憶中，其提議從「革命」退向「改良」的胡適都比陳獨秀更為「溫和」。其實若回向原典，看看具體的主張，這一形象大可再作分析。胡適提出的「八條」，就有六條是否定；而陳提出的「三大主義」，還一一都有推倒和建設的兩面。所以陳雖有「必以吾輩所主張者為絕對之是，而不容他人之匡正」的氣概，[57] 其實際主張，卻是破壞與建設並列的。

在胡適自己的記憶裡，他一開始提出的就是完全否定的「八不主義」。他稍後自供說，過去那些主張都「是單從消極的、破壞的一面著想的」。到回國後「在各處演說文學革命，便把這『八不主義』都改作了肯定的口氣」，化為四條「一半消極、一半積極」的新主張，成為一種「建設的文學革命」。[58] 而「一半消極、一半積極」正是陳獨秀所提三大主義的特點，故胡適後來在口號上和具體主張上恐怕都受了陳獨秀的影響，不過在表述上仍維持原來出以溫和的態度，遂使許多後之研究者也和時人一樣，僅從「革命」與「改良」的標識，就得出陳獨秀比胡適更激烈的印象。

可以說，「抑陳揚胡」的現象形成既早，也受到多種因素的影響。但在當事人心目中，陳、胡的領導作用是共同的。陳獨秀自己在一九四〇年三月蔡元培逝世時說：「五四運動，是中國現代社會發展之必然的產物，無論是功是罪，都不應該專歸到哪幾個人；可是蔡先生、適之和我，乃是當時在思想言論上負主要責任的人。」[59] 胡適稍

---

57 陳獨秀：《文學革命（答胡適之）》，《新青年》，3卷3號（1917年5月），6頁（通信欄頁）。

58 胡適：《建設的文學革命論——國語的文學，文學的國語》，《新青年》4卷4號（1918年4月），289-290頁（卷頁）。

59 陳獨秀：《蔡孑民先生逝世後感言》（1940年3月），《陳獨秀著作選編》，第5卷，349頁。

早也說，五四學生運動，就是陳獨秀和蔡元培這些「威爾遜主義麻醉之下的樂觀者」帶動「一般天真爛漫的青年學生」所釀成的。[60]

實際上，蔡元培作為北大校長，當年扮演的更多是後援性的蔭庇角色。但兩人都提到蔡，凸顯出北大在新文化運動中的凝聚作用。如前所述，文學革命和倫理革命都因倡導者所具有的北大文科學長積纍而增強了全國性的影響，然而陳獨秀個人的道德問題也因此成為輿論的關注對象，並終成其離開北大的導因。陳、胡二人也從此逐漸分道揚鑣，更演化出不同的歷史記憶。

當時北京新舊之爭相當激烈，舊的一方曾以陳獨秀私德不檢為攻擊目標。北大校長蔡元培在湯爾和等浙江籍教授的策劃和支持下，於一九一九年春決定取消文、理科學長，而改設一教務長統轄文理教務。結果，啟用他為文科學長的人為撤換他而廢除了這一職位，陳獨秀也因此改制而「自然」成為普通教授。五四學生運動後不久，陳氏因發傳單而被捕，釋放後南下上海避難，參與組織中國共產黨，走上一條相當不同的道路。[61]

這樣看來，陳獨秀和胡適共為年輕讀書人「模範」的時間，其實不長；所謂胡、陳時代，與康、梁時代同樣短暫。但兩者對時人和後人的影響，都不止於典範被共同接受的時段。在瞬息萬變的近代中國思想史上，各類人物大都難逃章太炎所說「暴起一時，小成即墮」的現象。[62] 但多數「小成」者在時過境遷之後，便真成過眼雲煙，不復為人所記憶；而這兩個「時代」，卻都印證了歷史的轉折，成為一個思想時段的象徵，在歷史上留下了不可磨滅的痕跡。

---

60 胡適：《紀念「五四」》（1935年），《胡適文集》，北京：北京大學出版社，1998年，第11冊，579頁。

61 說詳羅志田：《陳獨秀與「五四」後〈新青年〉的轉向》，已收入本書。

62 章太炎：《對重慶學界演說》（1918年），重印於《歷史知識》，1984年1期，44頁。

　　胡適後來認為，那次解除陳獨秀文科學長的決定，導致了陳離開北大，「以後中國共產黨的創立及後來國中思想的左傾，《新青年》的分化，北大自由主義者的變弱」，皆起於此。故這一決定不但影響了「北大的命運，實開後來十餘年的政治與思想的分野」。[63] 不過，陳氏走向實際政治的行動，也有其半內在半外在的邏輯理路：從外在視角看，他在一九一九年五月已注意到當權的「少數闊人」在面臨提倡新潮者的挑戰時，「漸漸從言論到了實行時代」，似已有運用國家機器處置的思想準備，則新思潮一方，或也須有相應的行動；[64] 從內在理路看，既然倫理的覺悟是最後的最後覺悟，則覺悟到了頭，下一步也只能是行動了。

## 五　走向行動的政治革命

　　早在《青年雜誌》創刊的第一期上，陳獨秀就提出了他心目中的近世三大文明，即人權說、生物進化論和社會主義。[65] 在民初的中國，或許因為「國體」問題帶來的困擾，任何與「國家」對應的範疇都容易引人矚目，而「社會」以及相關的「主義」尤其受到思想界的普遍關注（當年很多中國人常顧名思義，視社會主義為與社會相關的主義）。那時不僅趨新者和激進者有此思慮，就是接近政府的「安福系」和偏於守舊的孔教論者，也都在思考和探討各種類別的社會主義。如果說社會「主義」還偏於思想一面，不少人進而向更實在的社

---

63　胡適致湯爾和（稿），1935年12月23日，《胡適來往書信選》，北京：中華書局，1979年，中冊，281-282頁。

64　陳獨秀致胡適（1919年5月7日），《胡適來往書信選》，上冊，42頁。

65　陳獨秀：《法蘭西人與近世文明》（1915年9月），《陳獨秀著作選編》，第1卷，164-166頁。

會「改造」發展。[66]

陳獨秀在一九一九年提出，「最進步的政治，必是把社會問題放在重要地位，別的都是閒文」。若「社會經濟的問題不解決，政治上的大問題沒有一件能解決的。社會經濟簡直是政治的基礎」。[67] 若比較他三年前所說的「倫理問題不解決，則政治學術皆枝葉問題」，即可見其觀念的明顯轉變。從思想倫理到社會，雖然仍延續著輕「國家」而重「國民」的取向，但已漸從個體的「自覺」向群體的「自治」傾斜。以前他的思路是倫理思想決定政治，現在他提出社會經濟是政治的基礎，討論的雖皆是非政治的面相，卻都意在政治，且呈現出逐漸向實際政治靠攏的趨勢。

當初無意「批評時政」時，陳獨秀曾說，「國人思想，倘未有根本之覺悟，直無非難執政之理由」。[68] 其隱含的意思，國人若有了根本覺悟，便可以批評政府了。還在一九一七年，有讀者指出《新青年》表現出了從重學說向重時事轉移的趨勢，陳獨秀一面重申不批評時政的「主旨」，卻又表示，遇到「有關國命存亡之大政，安忍默不一言」。[69] 到一九一八年夏天，他雖仍堅持「國家現象，往往隨學說為轉移」；但終於正式談起政治來。陳氏以為，行政問題可以不談，至於那些關係到「國家民族根本的存亡」的政治根本問題，則人人應談，不能「裝聾推啞」。這時他轉而強調，國人「徹底的覺悟」，必須落實到對政治根本問題「急謀改革」，才能避免國亡種滅的局面。[70]

---

66 參見羅志田：《激變時代的文化與政治——從新文化運動到北伐》，北京：北京大學出版社，2006年，77-81頁。

67 陳獨秀：《實行民治的基礎》（1919年11月），《陳獨秀著作選編》，第2卷，119頁。

68 記者（陳獨秀）：《答王庸工》，《青年雜誌》，1卷1號，2頁（欄頁）。

69 顧克剛致陳獨秀、陳獨秀復顧克剛，《新青年》3卷5號（1917年7月），5-6頁（欄頁）。

70 陳獨秀：《今日中國之政治問題》（1918年），《陳獨秀著作選編》，第1卷，417-419頁。

　　大概因為《新青年》同人和讀者中很多仍不主張談政治，陳獨秀在一九一八年底創辦《每周評論》，以談政治為主。次年「五四」學生運動發生後，有學生被捕。陳氏於六月初在《每周評論》上撰文，主張青年要有「出了研究室就入監獄，出了監獄就入研究室」的志向。[71] 幾天後，他自己就因散發傳單而被捕，關押近百日。從這時起，在各種內外因素推動下，陳獨秀徹底告別不談政治的主張，從思想改造走向直接訴諸政治行動了。

　　不過，陳獨秀那時提倡的「民治主義」，是偏向自由主義的。他所說的中國若實行民治，要「拿英美作榜樣」，已成廣為引用的名言。[72] 到一九二〇年五月，陳獨秀已和共產國際的維經斯基有所接觸，[73] 而其對自由主義的基本原則，也確實深有體會。[74]

　　胡適和傅斯年都說過，陳獨秀曾經是個自由主義者。胡適以為他成為共產黨半出偶然，而傅斯年卻認為有其「自然的趨勢」。[75] 兩人所說都有道理，如果陳獨秀在北京有忙不完的事要做，如果他不是偶然和維經斯基同時出現在上海，他或許真不會成為共產黨。另一方面，社會主義不僅素為陳獨秀所關注，更對那時各類中國讀書人都深具吸引力。必充分認識及此，才可以理解為什麼張東蓀、戴季陶都差一點成了中共的創始人。把這些人聚合在一起的是社會主義，使他們

---

71 陳獨秀：《隨感錄・研究室與監獄》（1919年6月），《陳獨秀著作選編》，第2卷，112頁。

72 陳獨秀：《實行民治的基礎》，《陳獨秀著作選編》，第2卷，119頁。

73 石川禎浩：《中國共產黨成立史》，袁廣泉譯，北京：中國社會科學出版社，2006年，93-107頁。

74 參見羅志田：《「五四」與西學：與「自由主義」相關的一個例子》，收入《西學在中國——五四運動90週年的思考》，北京：生活・讀書・新知三聯書店，2010年，86-93頁。

75 胡適致湯爾和（稿），1935年12月23日，《胡適來往書信選》，中冊，282頁；傅斯年：《陳獨秀案》，《獨立評論》，第24號，3-4頁。

終於分開的，也是對社會主義的不同理解。[76]

　　從學理言，現代自由主義本與社會主義相通。而自由主義在中國的「黃金時段」，正是從「二十一條」到巴黎和會那幾年。當時美國在華影響也一度高漲，外有威爾遜總統提倡各民族自主的「十四點計劃」，內有學者型的駐華公使芮恩施和恰來中國講學的杜威，三者都甚得中國讀書人之心，合起來產生了很大影響。但威爾遜在巴黎和會的「背叛」，同時斷送了美國在中國的政治影響和中國自由主義者的政治前途。中國人在擯棄了以日本為學習榜樣後，經歷了短暫的「拿英美作榜樣」，終轉向更長久的「以俄為師」。[77]

　　陳獨秀自己身上也體現了這一轉折，他在一九一八年底尚稱威爾遜為「世界上第一個好人」；到次年初即已感覺威爾遜提出的是「不可實行的理想」，故稱其為「威大炮」。再到一九二〇年秋，他進而主張輸入學說應該「以需要為標準」，即「一種學說有沒有輸入我們社會底價值，應該看我們的社會有沒有用他來救濟弊害的需要」。此前中國或需要輸入達爾文的社會進化論，到那時則中國的「士大夫階級斷然是沒有革新希望的，生產勞動者又受了世界上無比的壓迫，所以有輸入馬格斯社會主義底需要」。[78]

　　前引陳獨秀的自由主義表述，大致在其參與創建中國共產黨的前夕，這意味著他從自由主義向馬克思主義的立場轉移，幾乎在瞬間完

---

76 中國共產黨創立期間，曾有好些打算使用的名稱，多與社會主義相關。參見石川禎浩：《中國共產黨成立史》，160-175頁。

77 參見羅志田：《再造文明的嘗試：胡適傳》，北京：中華書局，2006年，238-256頁。關於芮恩施的影響，參見Noel H. Pugach, *Paul S. Reinsch: Open Door Diplomat in Action*, New York: KTO Press, 1979, pp. 123-139.

78 陳獨秀：《〈每周評論〉發刊詞》（1918年12月），《陳獨秀著作選編》，第1卷，453頁；《隨感錄‧威大炮》（1919年2月）、《隨感錄‧學說與裝飾品》（1920年10月），《陳獨秀著作選編》，第2卷，37、274頁。

成。但馬克思主義決非一兩天可以速成，中共創立時也在上海的李達回憶說，陳獨秀即使在擔任中共領導之後，也「並不閱讀馬列主義著作」；對關於中國革命的馬克思主義理論，他是既「不懂，也不研究」。甚至「《嚮導》上署他的名字的文章，大都是同志們代寫的」。[79]此說實有依據，且不僅限於《嚮導》；《新青年》八卷三號上署名陳獨秀的《國慶紀念的價值》一文，從文風到遣詞用字，都與他此前（以及此後很多）文章不同，基本可以確定為代作；不論是否經其潤色，最後定稿顯然不出他手。[80]

　　或可以說，陳獨秀不過是在立場上轉向了馬列主義，並未系統掌握其理論。惟以其對學理一貫敏銳的感覺，他對馬列主義也有大體的把握，並很快與自己的固有主張結合起來。他曾先後以為倫理思想和社會經濟對政治起著決定性的影響，馬克思主義關於經濟基礎決定上層建築的理論顯然與此相通，成為他後來經常運用的解釋工具（在反傳統或「反封建」方面，「五四」前後中國的自由主義者與中共黨人的態度本甚接近）。同一理論也為他關於舊事物皆一家眷屬的見解提供了新的出路，現在他可以採取革命的手段，倒過來從國家機器（即舊政治）入手，去全面推翻舊文學和舊倫理。

　　陳獨秀於一九二〇年在上海參與創建中國共產黨，次年當選為中共首任總書記，直到一九二七年被撤職。一九二九年，他因公開反對中共在中東路事件後提出的「武裝保衛蘇聯」口號而被開除出黨。一九三二年十月，卻以中共首領積累被國民政府逮捕。一九三七年出

79 李達：《中國共產黨的發起和第一次、第二次代表大會經過的回憶》，《「一大」前後：中國共產黨第一次代表大會前後資料選編》（二），中國社會科學院現代史研究室、中國革命博物館黨史研究室編，北京：人民出版社，1980年，16頁。

80 參見陳獨秀：《國慶紀念的價值》（1920年10月），《陳獨秀著作選編》，第2卷，277-280頁。

獄，一面從事抗戰宣傳，同時也開始對共產主義理論進行反思。在貧病交加中輾轉流徙數年後，於一九四二年五月病逝於四川江津。

大體可以說，陳獨秀從提倡思想領域的革命到直接投身政治革命，既有偶然的巧合，也有其不得不如是的邏輯進路，更與外在時勢的演變相契合。章太炎在清末曾提出：「目下言論漸已成熟，以後是實行的時代。」[81] 類似的傾向在「五四」後的中國思想界相當流行。然而一旦「行動」成為主導的傾向，「思想」本身就可能退居二線。這可能意味著讀書人在整個社會中地位的下降，想要追趕時代者，或許不得不進行一定的自我約束，甚至自我否定。[82] 陳獨秀卻不是那種願意屈服於時勢的讀書人，在真正走入行動的時代後，他仍在繼續努力，但實際政治顯然不是他的強項。

很多年之後，中國的革命終指向了文化本身。這未必是陳獨秀那一代人思想和言行的邏輯發展，惟蒼穹之上，似隱約可聞「最後覺悟之最後覺悟」那縹緲的餘音——文化既是中國人長期的自負，也是其可以自負之所在；那曾經是形形色色中國讀書人憧憬對象的革命，則是二十世紀中國名副其實的一條主流。[83] 當兩者結合在一起，即最具吸引力的「革命」也要在最高層次進行時，出現史無前例的文化大革命，似乎也可見其來有自的軌跡。

## 六　一生定位

陳獨秀在南京獄中時，曾為鄉後輩汪原放寫過一張條屏，上面

---

81 章炳麟：《〈民報〉一週年紀念會演說辭》（1906年12月），湯志鈞編：《章太炎政論選集》，北京：中華書局，1977年，上冊，328頁。
82 參見羅志田：《激變時代的文化與政治——從新文化運動到北伐》，135-143頁。
83 參見羅志田：《士變：二十世紀上半葉中國讀書人的革命情懷》，《新史學》（臺北）18卷4期（2007年12月）。

說：「天才貢獻於社會者甚大，而社會每迫害天才。成功愈緩愈少者，天才愈大；此人類進步之所以為蟻行而非龍飛。」[84] 不論這是抄自他人還是自作，都是自抒胸臆。陳氏對中國社會，一向責任心重而暢所欲言，貢獻不可謂不大；但社會對他的回報，則聲譽雖隆而「成功」實少。他在獄中書此，恐怕對所謂「社會迫害」，深有隱痛。

陳氏本人的自定位，其實也是充滿猶疑的。一九二二年他為科學圖書社題詞，回憶從二十多歲的少年時代起，就「為革新感情所趨使」而辦《安徽俗話報》；奮鬥了二十年，除「做了幾本《新青年》，此外都無所成就」。[85] 那時他已投身實際政治，而自己可視為「成就」的，仍是文字的貢獻。但後來在獄中寫自傳時，卻說自己「一生差不多是消耗在政治生涯中」，並自認其大部分政治生涯是「失敗」的。[86] 這「失敗」的感覺，應與牢獄生涯無關。出獄後他仍說：「我奔走社會運動、奔走革命運動三十餘年，竟未能給貪官污吏的政治以致命的打擊，說起來實在慚愧而又忿怒。」[87]

或許是「英雄不誇當年勇」，晚年的陳獨秀已幾乎不提《新青年》時代的光輝。當記者向他求證，是否如傳聞所說「今後要專做文化運動，不做政治運動了」時，他連忙否認。他承認自己的「個性不大適宜於做官，但是政治運動則每個人都應該參加」；尤其「現在的抗日運動，就是政治運動」，那是不能不參加的。[88] 這大致仍如他一

---

84 汪原放：《回憶亞東圖書館》，189頁。

85 陳獨秀：《科學圖書社二十週年紀念會題詞》（1922年4月），錄在汪原放：《回憶亞東圖書館》，200頁。

86 陳獨秀：《實庵自傳》，《陳獨秀著作選編》，第5卷，201頁。

87 陳獨秀：《敬告僑胞——為暹邏〈華僑日報〉作》（1938年8月），《陳獨秀著作選編》，第5卷，263頁。

88 陳獨秀：《答〈抗戰〉周刊記者問》（1937年10月），《陳獨秀著作選編》，第5卷，192頁。

九一八恢復談政治時所說，關係到「國家民族根本存亡」之時，人人都不能「裝聾推啞」。但這樣一種非實際的政治，也隱約揭示出參與者自定位的尷尬。

在抗戰的艱苦時期，陳獨秀以自己不夠成功的經歷鼓舞國人說：「我半生所做的事業，似乎大半失敗了。然而我並不承認失敗，只有自己承認失敗而屈服，這才是真正的最後失敗。」[89] 永不向失敗屈服，的確是典型的陳獨秀精神。他那時特別強調，「即使全世界都陷入了黑暗，只要我們幾個人不向黑暗附和，屈服，投降，便能夠自信有撥雲霧而見青天的力量」。重要的是「不把光明當做黑暗，不把黑暗對付黑暗」；在那「黑暗營壘中，遲早都會放出一線曙光，終於照耀大地」。[90]

所謂不把光明當作黑暗，不以黑暗對付黑暗，針對的不僅是侵略者，而是整個人類的前途。這已部分回歸到自由主義的立場，是他晚年的深刻解悟，更表現出對人性的信心。他注意到，由於「強弱」成為「判榮辱」的標準，於是「古人言性惡，今人言競爭」；這不僅是表述的轉換，更是善惡的混淆。在「舉世附和」作「人頭畜鳴」的現狀下，必須有哲人出來辨別黑暗與光明。他知道這樣做的代價，然而「忤眾非所忌」，哪怕「坷坎終其生」。陳獨秀仍寄望於少年的個人自覺，希望他們「毋輕涓涓水，積之江河盈；亦有星星火，燎原勢竟成」。[91]

那句「忤眾非所忌，坷坎終其生」，既是言志，也是實述。魯迅曾說，真的知識階級，「對於社會永不會滿意的，所感受的永遠是痛

---

89 陳獨秀：《準備戰敗後的對日抗戰》（1938年1月），《陳獨秀著作選編》，第5卷，223頁。

90 陳獨秀：《我們斷然有救》（1938年6月），《陳獨秀著作選編》，第5卷，249-250頁。

91 陳獨秀：《告少年》（1939年12月），《陳獨秀著作選編》，第5卷，334-335頁。

苦，所看到的永遠是缺點」，並「預備著將來的犧牲」。[92] 陳獨秀一生的不夠「成功」，很大程度上正因為他堅持扮演戰鬥不息的哲人角色，時時都在「忤眾」。所以胡適說他是「終身的反對派」，他也樂於接受，僅指出這是「事實迫我不得不如此」。的確，為了堅持「探討真理之總態度」，他「見得孔教道理有不對處，便反對孔教；見得第三國際道理不對處，便反對它」。一切「迷信與成見」，均不放過。[93] 他的目的，是「要為中國大多數人說話，不願意為任何黨派所拘束」。[94]

晚年的陳獨秀，已被共產黨開除，又不可能認同逮捕他的國民黨，還不得不配合政府和兩黨抗日，處境的確艱難。但他堅持表態說：「我決計不顧忌偏左偏右，絕對力求偏頗，絕對厭棄中庸之道，絕對不說人云亦云豆腐白菜不痛不癢的話。我願意說極正確的話，也願意說極錯誤的話，絕對不願說不錯又不對的話。」一言以蔽之，「我只注重我自己獨立的思想，不遷就任何人的意見」。他更頑強地說：「我已不隸屬任何黨派，不受任何人的命令指使，自作主張，自負責任。將來誰是朋友，現在完全不知道。我絕對不怕孤立。」[95]

實際上，很少有人真能「不怕孤立」。英雄也有落寞寂寥之感。在他棄世的前一年，聽說一些後輩友人在屈原祭日飲酒大醉，陳獨秀賦詩贈友，起首便言「除卻文章無嗜好，世無朋友更淒涼」。[96] 那是

---

92　魯迅：《關於知識階級》（1927年10月），《魯迅全集》，第8卷，191頁。

93　陳獨秀：《致S和H的信》（1941年1月19日），《陳獨秀著作選編》，第5卷，367頁。

94　陳獨秀：《致〈新華日報〉》（1938年3月17日），《陳獨秀著作選編》，第5卷，241頁。

95　陳獨秀：《給陳其昌等人的信》（1937年11月21日），《陳獨秀著作選編》，第5卷，216-217頁。按陳獨秀的厭棄「中庸之道」是一貫的，他在1915年的《敬告青年》一文中，即曾勸告青年，要「利刃斷鐵，快刀理麻，決不作遷就依違之想」（《陳獨秀著作選編》，第1卷，159頁）。

96　陳獨秀：《聞屈原祭日友人聚飲大醉寄建功》（1941年7月）《陳獨秀著作選編》，第5卷，370頁。汪原放所錄存的後句為「世無朋友實淒涼」，有一字不同，見其《回憶亞東圖書館》，200頁。臺靜農所藏陳獨秀手書的《聞光午之瑜靜農建功諸君於屈原

中國很不如意的時候，大家心情都未必輕鬆。而別人還能相聚飲酒，他卻僻處鄉間陋室，孤身面對老病。已過耳順之年的陳獨秀，或漸趨於從心所欲，終於撤下了「超我」的面具，不再像魯迅看到的那樣虛張聲勢，而是回向「本我」，在後輩面前實話實說。

他仍然不曾「屈服」，卻也不復倨傲，坦承無友的淒涼。然而，能說淒涼者，就未必多淒涼。面具既除，輕鬆旋至。寂寞之中，透出幾分淡定，減去多少掛懷。更關鍵的是，陳獨秀不再以奔走政治自期，而是回歸了文章士的行列。這一回歸的重要在於，他一生事業的所謂失敗，也都隨「政治」而去。在「文章」這一領域裡，他永遠是成功者，也始終不乏追隨者。

這是否即陳獨秀最後的自定位，我不敢說。與他有過接觸的人中，大都不甚承認他事功方面的作為，卻推崇他在思想方面的貢獻。最典型的，是昔日政敵吳稚暉在輓聯中說他「思想極高明」而「政治大失敗」。[97] 傅斯年或許是陳氏真正的解人，他不僅確認陳獨秀為「中國革命史上光焰萬丈的大彗星」，更看到了其不遷就任何人而「只注重我自己獨立的思想」的特質——陳獨秀未必如胡適所說是「終身的反對派」，其實「他永遠是他自己」！[98]

原刊《四川大學學報》二○一○年五期

---

祭日聚飲大醉作此寄之》，後句也作「世無朋友更淒涼」。見《臺靜農先生珍藏書札（一）》，臺北：「中研院」文哲所，1996年，312頁。

97 吳敬恒：《挽陳仲甫先生》，《新民報晚刊》（重慶），1942年6月8日，2版。

98 按傅先生和陳獨秀一樣，認為「革命不單是一種政治改變，而是一切政治的、思想的、社會的、文藝的相互改革」。參見傅斯年：《陳獨秀案》，《獨立評論》，第24號，2、7頁。另一方面，像陳獨秀這樣在「政治」與「文章」之間徘徊、離異和回歸，他不能沒有改變。問題是他究竟改變了多少？什麼是他維持不變的本色？這些問題，或許還可以進一步探討。

近現代中華文化思想叢刊 A0102011

# 道出於二：過渡時代的新舊之爭　上冊

| | |
|---|---|
| 作　　　者 | 羅志田 |
| 版權策畫 | 李　鋒 |
| 責任編輯 | 楊家瑜 |

| | |
|---|---|
| 發　行　人 | 林慶彰 |
| 總　經　理 | 梁錦興 |
| 總　編　輯 | 張晏瑞 |
| 編　輯　所 | 萬卷樓圖書股份有限公司 |
| 排　　　版 | 林曉敏 |
| 印　　　刷 | 博創印藝文化事業有限公司 |
| 封面設計 | 菩薩蠻數位文化有限公司 |

出　　　版　昌明文化有限公司

桃園市龜山區中原街 32 號

電話 (02)23216565

發　　　行　萬卷樓圖書股份有限公司

臺北市羅斯福路二段 41 號 6 樓之 3

電話 (02)23216565

傳真 (02)23218698

電郵 SERVICE@WANJUAN.COM.TW

大陸經銷

廈門外圖臺灣書店有限公司

電郵 JKB188@188.COM

**ISBN 978-986-496-111-5**

2020 年 8 月初版二刷

2018 年 1 月初版

定價：新臺幣 240 元

如何購買本書：

1. 劃撥購書，請透過以下郵政劃撥帳號：

帳號：15624015

戶名：萬卷樓圖書股份有限公司

2. 轉帳購書，請透過以下帳戶

合作金庫銀行　古亭分行

戶名：萬卷樓圖書股份有限公司

帳號：0877717092596

3. 網路購書，請透過萬卷樓網站

網址 WWW.WANJUAN.COM.TW

大量購書，請直接聯繫我們，將有專人為您

服務。客服：(02)23216565 分機 610

如有缺頁、破損或裝訂錯誤，請寄回更換

國家圖書館出版品預行編目資料

道出於二：過渡時代的新舊之爭 / 羅志田

著. -- 初版. -- 桃園市：昌明文化出版；臺北

市：萬卷樓發行, 2018.01

　冊；　　公分.

ISBN 978-986-496-111-5(上冊：平裝). --

1.思想史　2.近代史　3.中國

112. 7　　　　　　　　　　　　107001278